JN277297

SW
MINERVA
社会福祉叢書
㊶

聴覚障害と精神障害をあわせもつ人の支援とコミュニケーション
―困難性から理解へ帰結する概念モデルの構築―

赤畑　淳著

ミネルヴァ書房

はじめに

　障害のある人たちもメンタルヘルスの課題を抱え，こころの病に罹ったり，精神障害になることがある。

　筆者は精神科ソーシャルワーカー（以下，PSW）として，精神科病院で約15年間勤務していた。そこには，精神疾患を患うことで多様な生活の問題を抱える人たちがいた。そして，その中には精神障害と他の障害をあわせもつ重複障害といわれる人たちも存在していた。自殺未遂により肢体不自由になった人，視覚障害を持ち家族に付き添われて受診する人，長期入院となり退院先が見つからない知的障害のある人，なかなか受診につながらず強制入院となってしまった聴覚障害のある人，などである。彼らに適切な精神保健福祉サービスを提供できるように支援していたが，サービス利用をめぐり精神障害があることで他障害のサービスが受けられない状況があった。
　一方で，他障害を持つがゆえに適切な精神保健福祉サービスにつながらないことも起こっていた。PSWとして本人や家族にとって適切なサービスを提供することができず，結果として「たらい回し」のような状況になってしまうことも少なくなかった。このように，重複障害といわれる人への支援は，複合的な問題を抱えているがゆえに，単一のサービスのみでは立ち行かない現状があったのである。
　更に，精神障害と他障害をあわせもつ人々は，どちらの支援領域においてもマイノリティの存在として周縁化され，困難事例として個別に取り上げられることはあっても，その存在や支援自体が広く認知されることはなかったといえる。マイノリティが尊重される社会が福祉社会（阿部 2008）という福祉哲学を踏まえるならば，マイノリティの存在に目を向け，その支援について検討し顕在化させていくことは，ソーシャルワーカーとしての使命であるといえる。

本書では重複障害の中でも聴覚障害と精神障害をあわせもつ人の支援に焦点をあて，精神保健福祉領域のソーシャルワーク実践を通し，その支援のあり方について考えていく。まずは，聴覚障害と精神障害をあわせもつ人への支援の特徴を整理し，現状把握として支援における困難性の構造を明確にする。その上で，支援の可能性を探るために，精神保健福祉領域におけるPSWの実践から，ある一定の概念化された支援行為における対象者理解のプロセスを導き出し，支援全体を包括的に把握できるような支援の概念モデルを構築していくことを目指す。

　精神保健福祉領域における聴覚障害と精神障害をあわせもつ人の支援を対象とした研究は数少なく，ソーシャルワーク分野に限定すると事例を中心とした実践報告が主であり，支援のあり方を提示した研究は見あたらない。よって，本書で支援全体をとらえ支援の概念モデルを提示できれば，実践での応用を踏まえ，支援の説明や予測が可能となり，現場で悪戦苦闘している支援者の支援における自らの位置づけが，明確になるのではないかと考える。また，今後支援者が聴覚障害と精神障害をあわせもつ人と出会った時，支援を行っていく上での指標となり得るのではないかと考える。

　更に精神保健福祉領域の現場には，今や統合失調症を中心とする狭義の精神障害者のみならず，多様なメンタルヘルスの課題を抱える人たちが訪れる。昨今急増している認知症や，発達障害，高次脳機能障害など，そこにはコミュニケーションに障害を生じやすい人たちも多く含まれる。コミュニケーション障害は人と人との間で生じる障害であるからこそ，支援の場では，支援者と利用者との間でその障害が発生する可能性もある。その意味では，本研究は聴覚障害と精神障害をあわせもつ人々の支援のみならず，精神保健福祉領域においてコミュニケーションの障害を抱える人たちや，重複障害のある人への支援のあり方についても，示唆となるモデルを提示することにもなると考えている。

　本書は序章・終章含め7章構成である。
　序章では「精神科病院におけるマイノリティの存在」として，筆者の実戦経

験より「聴覚障害と精神障害をあわせもつ人とのかかわり」を実践事例として紹介した上で，本書の射程を示す。

　第1章では「聴覚障害と精神障害をあわせもつ人への支援の特徴」として，利用者の特性と精神障害と聴覚障害をあわせもつ人の支援に関する先行研究を概観し整理する。

　第2章では「支援における困難性の内容と構造」として文献調査から内容分析法による分析を行う。ここでは，支援者がどのような困難さを抱えているのかを抽出し，困難性の内容やその傾向，影響要因等の特性を明らかにしていく。

　第3章では「PSWによるソーシャルワーク実践」として，PSWへのインタビュー調査から，修正版グラウンデッド・セオリー・アプローチによる分析を行う。ここでは，聴覚障害と精神障害をあわせもつ人と継続的なかかわり経験のあるPSWが，どのような支援行為を通して対象者理解を深め，支援を展開しているのかについて，そのプロセスを明らかにしていく。

　第4章は「四つの視点からみる支援行為」として，前章の調査結果をもとに4つの視点から考察を行う。

　第5章は「支援の概念モデルの構築」として，具体的なコミュニケーションのポイントを提示し，聴覚障害と精神障害をあわせもつ人の支援における現象を整理した上で，支援の概念モデルを示す。

　終章では，本書の要約を示し，研究の意義と限界，今後の課題を述べる。

　なお，本書は，ルーテル学院大学大学院博士論文「聴覚障害と精神障害を併せ持つ人への支援の概念モデルの構築―支援における複合的交互作用現象―」を中心に，修士論文「聴覚障害と精神障害を併せ持つ人へのソーシャルワーク実践」の一部を加え，修正しまとめたものである。

聴覚障害と精神障害をあわせもつ人の支援とコミュニケーション

――困難性から理解へ帰結する概念モデルの構築――

目　　次

はじめに

序　章　精神科病院におけるマイノリティの存在 ················· 1
　　1　精神科ソーシャルワーカーの経験から　1
　　2　聴覚障害と精神障害をあわせもつ人とのかかわり──実践事例　2
　　3　本書の射程　10

第1章　聴覚障害と精神障害をあわせもつ人への支援の特徴 ······ 17
　　1　聴覚障害と精神障害をあわせもつことによる特性　17
　　2　日本における聴覚障害者への精神医療・メンタルヘルス　22
　　3　アメリカにおける聴覚障害者のメンタルヘルス　27
　　4　PSWによる聴覚障害と精神障害をあわせもつ人への支援　28

第2章　支援における困難性の内容と構造 ·························· 33
　　1　実践報告にみる支援者の困難性　33
　　2　支援における困難性の内容　38
　　3　保健医療福祉システム別にみる困難性の内容　42
　　4　支援における困難性の構造　53

第3章　PSWによるソーシャルワーク実践 ·························· 59
　　1　PSWへのインタビュー調査　59
　　2　修正版グラウンデッド・セオリー・アプローチによる分析　62
　　3　支援行為における対象者理解のプロセス　64
　　4　感覚によるコミュニケーションの探究　69
　　5　行動密着支援　85
　　6　特殊性と普遍性の認識　92
　　7　複合システムの理解　99

第4章 四つの視点からみる支援行為 …………………………… 109
　1　感覚・知覚の活用　109
　2　協働的なかかわり行動　112
　3　特殊性にとらわれない支援　121
　4　支援システムの捉え方　125

第5章 支援の概念モデルの構築 ………………………………… 129
　1　支援におけるコミュニケーションのポイント　129
　2　支援における複合的交互作用現象　132
　3　人の理解とコミュニケーション──実践への示唆　137

終　章　IT化では越えられない壁を乗り越えるために …………… 141
　1　本書の要約　141
　2　研究の意義と限界　143
　3　今後の課題　146

おわりに　149
資料編
　資料1　内容分析二次データ一覧表　154
　資料2　M-GTA分析ワークシート　158
引用・参考文献　181
さくいん　191

序　章
精神科病院におけるマイノリティの存在

1　精神科ソーシャルワーカーの経験から

　筆者は精神科病院のPSWとして，聴覚障害と精神障害をあわせもつ人たちとかかわる経験を持った。そこでは，支援におけるコミュニケーションについて考えざるを得ない状況があった。聴覚障害と精神障害をあわせもつ人の支援では，双方の障害ともにその特性が目に見えにくくわかりにくいことに加え，障害が重複していることにより，支援ニーズも複雑かつ多岐にわたる。まず支援関係を築くためにかかわりを持とうとした際に，コミュニケーションの問題が大きく立ちはだかったのである。そして，対象者理解および抱える生活課題へのニーズ把握，その人の取り組みを支える支援まで到達するには，時間がかかった。その支援経過の中で，相談を求めてきた人が再び引きこもり，精神症状が悪化する例もあった。また，一度きりの面接のみで，その後二度と支援の場に現れなくなるということもあった。筆者は支援において困難さを常に抱きながら，試行錯誤を繰り返していたという実感がある。

　精神科医療の現場でPSWとして彼らに適切な支援が提供できていたのであろうか，支援のポイントはどこにあったのだろうか。今改めて振り返っても考えてしまうのである。更にいえば，利用者の特性をどのように理解し，どのようなかかわりが求められていたのか。支援自体の捉え方や，利用者を取り巻く環境や背景を視野に入れ支援を展開するには何が必要だったのかなど，多くの問いが頭に浮かんでくる。これら数多くの自問が本書の源にはある。

　このようなことを深く考えさせられるきっかけがあった。それは，ある聴覚障害と精神障害をあわせもつ方との出会いである。当時，筆者は民間精神科病

院のデイケアで６年間グループワークを中心に業務を行い，その後，相談室に配属となり，慢性期の統合失調症の方が多く含まれる精神科リハビリテーション支援病棟の担当となった。そこで出会ったのがＡさんである。ここでＡさんと筆者とのかかわりについて紹介する。⁽¹⁾

2　聴覚障害と精神障害をあわせもつ人とのかかわり──実践事例

Ａさんについて

　Ａさんは50歳代前半，聴覚障害（先天性のろう者）があり精神疾患（統合失調症）も持っている男性である。ろう学校卒業後，当時のろうあ者更生寮に入り，数か所で就労経験有り。約20年前，障害者用住宅に入居し，清掃の仕事と障害年金で単身生活をしていた。10数年前から手話で妄想を語りはじめ仕事も休みがちとなり，保健所経由で精神科クリニック受診。しかし，服薬ができず夜間の奇声なども続き精神科病院である当院に初回入院となり，今まで数回の入退院を繰り返してきた。病院からは離れているが住み慣れた地域で単身生活しながら，週一回手話通訳を利用し外来診察とデイケア利用をしていた。

　一年前から加齢による身体的衰えや不調，糖尿病の悪化などで度重なる路上での転倒の末，救急車で搬送されての入院を繰り返していた。今回も，同様の経過で一般科病院に救急車で搬送されるが，身体的問題は不明のなかコミュニケーションの問題から受け入れ困難等と扱われ，精神科病院に入院してきた。

わからないことへの不安と戸惑い

　Ａさんが入院してきて数日，担当 PSW となった私は戸惑いとともに大変さを感じていた。それは，普段何気なく使っている言葉が使えない上に，Ａさんのあまりにも無表情で周囲に無関心な様子が，見えたからである。必要に迫られ筆談でのやりとりをしていたが，その中でわかってもらえなさを常に感じ，きちんと伝わっているという実感もないまま，経済的な手続き支援という具体的なやりとりをしていかなければならない状況にあった。

　具体的には入院前持ち歩いていた貴重品をすべて紛失してしまったことで，

本人のアパート，銀行，遺失物センターなどへ同行し諸手続きを行わなければならなかった。細かな諸手続には正確な情報提供が必要であると思い，私は本人の同意を得て手話通訳者を依頼し行動を共にしていった。

それら諸手続が一段落すると，彼から「ビデオカメラ。質屋入れている。取りに行きたい」と筆談で伝えられた。しかし，質札も紛失しており本人も場所はわかるが店名はわからないということであった。具体的には引き取りにいくらかかるかわからず，電話帳を開いて片っ端から調べることになった。幸いすぐその質屋はわかって連絡はとれたが，引き取り金額が膨大で現在引き取るのは現実的に不可能と思われた。そのことを伝えるものの彼は一歩も譲らない。こんなお金を出すなら新しいビデオカメラが買えるのにと思い筆談にて伝えたが，そのビデオカメラは十数年前に買ったもので彼にとっては思い入れある物のようであった。でも，現実的なことも伝えねばならず，今すぐには引き取りは無理と言うことで次回の年金支給まで待つことになった。

そのうち，公共料金支払いのために再度アパートに同行することになる。そこでもビデオカメラの引き取りが待てず，再度質屋の話になったが，私が「年金や生活保護費が入ってない時点ではまだ決められない」と答えると，「いつもそうやって日にちをのばす」といままでにないほどの表情で私に不満をぶつけてきた。その彼の不満に対し，わかり合うまでの表現方法をお互い持ち合わせておらず，どのように何を伝えていいのか戸惑った。そして，いつのまにか彼には私が「制限する人」として映り，私自身もそのような発言が増えていたことに気づかされた。また，コミュニケーションの限界も感じており，何か話があっても手話通訳者が来る面接日まで待ってほしいということで，どこか困難さから逃げていたところもあった。このように，耳が聞こえないことにより音声言語が使えないAさんと，耳は聞こえるが手話が使えない私との間での，使用言語の違いによる課題は多くあった。実際，私はこの違いにより「わからなさ」を突きつけられているように感じていた。

知りたい，伝えたいという気持ち

しかし，彼が感情をぶつけてきてくれたことにより，私が感じていた「わか

らなさ」は言語の問題だけではなかったのではないかと思うようになった。そして相手のことをもっと知りたい，わかりたいという気持ちが強くなっていった。ビデオカメラは彼にとってどんな意味があったのだろうかとずっと考えた。

彼は生まれながら聴力を失っている。よって，視覚による世界は我々が考える以上に世の中とのつながりの意味を持つのだろう。そんなことを考えながら，私は彼がいる世界について何一つ知らないことに気づかされた。というより，いつも自分自身の視点で彼とやりとりをし，コミュニケーションの壁に直面すると「彼は耳が聞こえないから，しょうがない部分もある。言葉でやりとりができればなあ……」と勝手に相手の問題にしていたところがあった。

コミュニケーションは人と人との間で起こるものであり，両者が相互的に行うもので，問題があるときはその原因を一方だけの責任にすることはできない。つまり，私は自分の方にも問題があることを今まで棚上げにしていたのだ。そこから相互にコミュニケーションを図っていくための模索がはじまった。

まず私は彼の今まで生きてきた歴史を知りたいと思い，カルテ庫から古いカルテを取り出し数十年間にわたる記載をひとつずつ読んでいった。そこには，彼の生活者としての葛藤やこれまでの経緯が記されており，その中にはこれからの支援のきっかけとなるヒントが多く含まれていた。また，今までのかかわりを振り返り，彼とのコミュニケーション手段について考えた。

私の知る限り，病棟での無表情な彼の姿からは想像ができないほど，手話通訳者と話しているときの彼は表情が豊かになることを感じていた。そこで，彼のコミュニケーション手段は筆談でも口話でもなく「手話」なのだということに改めて気づかされた。私が彼に近づき，あなたに関心があると伝えるためには，まず彼の世界「手話」に入っていこうとすることが大切だと思った。それまで私は筆談を中心に彼とのやりとりをしていた。筆談は伝えたい内容を文字にして確実に伝えることはできる。しかし，ムダがない分事務的で一方向的となり，YESかNOかの判断になってしまうことが多く，互いに疲れてしまってくるようにも思えた。

かかわりを作っていくには一見ムダと思われるような，表情や仕草を通した気持ちの伝達が大切だと思い，筆談を必要時以外はやめ，彼とのコミュニケー

ション手段の中心を手話とした。といっても，手話をきちんと学んだこともなく見よう見まねの拙い手話では伝えられないことは多く，彼も不思議そうな表情で私を見ることが多かった。しかし，伝えたいけどうまく伝えられなくて困っているという姿をありのまま彼に伝えることで，真剣にかかわりあっていきたいことを伝えたいと強く思った。互いに伝えたいことを伝え合うこと，それは意識して実践してみるとこんなに難しいものなのだと改めて実感した。

ネットワークとは

　また，コミュニケーションの問題に加え，地域資源をどこまで本人が利用できているのかということも考える必要があると思われた。Aさんのアパートは病院からバス，電車，地下鉄と乗り継いで約1時間のところにあり，病院周辺の地域性とは異なっていた。よって，外来チームからも「生活面でのサポートが必要と思われるが，現在の生活状況が把握できていない」といった申し送りがあったことから，アパートへの同伴外出の際は意識して生活状況を把握しようと努めた。

　Aさんは20数年前から区の身体障害者用借り上げアパートに一人で暮らしている。同じアパートには聞こえない人が三人いて交流もあった。私が一度アパートに行ったときに隣の人から，Aさんが路上で倒れていたときFAXで救急車を呼んだことなどを聞いたこともあった。

　また，Aさんは糖尿病がありアパートの近くにある内科のクリニックにも通っていた。Aさんは生活保護を受けていたため，福祉事務所に連絡をとったところ，保護費のこと以外は把握していないとのことだった。しかし区役所にいる手話通訳者のところによく話にきていたという情報をもらった。

　次に保健所に連絡を入れたが今は全くかかわっていないといわれた。そこで情報交換する必要があるため，病院・地域関係者に集まってもらいケースカンファレンスを開いた。会議では，当院の精神科治療とAさんの住む地域の医療機関において身体面のフォローに関する情報交換が行われていなかったことが問題としてあげられ，保健師を中心として連携していくこととなった。また，訪問援助が今までなかったこともあり，日常のかかわりを作っていく意味でも

ホームヘルプが検討された。
　その時精神障害者を中心とする事業所か身体障害を中心とする事業所のどちらが適切かという討議がなされた。その時，精神と聴覚の両方の障害を持つ人々へのサービスの現実的な受け入れ先の少なさを感じた。これは医療機関についても同様であり，重複障害を持つ人はどちらの障害へのアプローチも未整理なまま，受け入れ困難となることが多く，結局どのサービスも受けられないことがありうる。これらについては，現在深くかかわっている機関が情報をうまく伝え理解してもらうとともに，機関間のつながりを持つことにより必要なサービスの開拓をしていかなければならないと思った。
　結局，本人との話で，今は困っていないということでホームヘルプの利用は見送られた。Aさんの認識の中では今まで深くかかわりを持つ人がいなかったがゆえに，日常生活において他者に手助けしてほしいという実感がないのだ。ここで「聞こえないこと」への認識に違いがあるとわかった。彼はアパート生活において自分のテリトリーを作り，その中で彼なりの生活をしていた。玄関にはドアの裏にホワイトボードを置き来客者とそのボードでやりとりをし，誰かと話したくなれば同じ言語文化を持つ人のところへ話に行くことができる。「聞こえる」側からすれば，コミュニケーションの問題というがAさんは彼なりの世界でコミュニケーションを行い，そして，一人の時間を大切にしていたのだと思う。しかし，それはそのようにしなければ生きていけなかった彼の人生があり，人に頼む大変さより自分でやってしまう大変さを選んだ結果だということもできる。彼が今後，人との関係においてできないところは手助けしてもらっていいのだと思えたとき，使えるような支援体制をどのように作り，伝えていったらいいのだろうかと考えさせられた。
　また，Aさんに最も近い支援ネットワークの一つに手話通訳者の存在があった。共通の言語，コミュニケーション手段を使える通訳者は彼にとって大きな存在であり，相談相手にもなっていたといえる。私自身も手話通訳者から学び気づかされたことが多くあった。通訳者には面接や訪問，グループミーティングの場面に入ってもらっていたが，私たちが日々当たり前のように使っている「言葉」について改めて考えさせられることが多かった。病院の中にいると面

接場面でも安易に，そして無意識的に専門用語を使ってしまうことがあり，よく通訳者に「通訳できないからもっとわかりやすい表現で…」と言われたり，一回の面接の中で二つのことを話そうとしたときに「わかりにくくなると思うけど…」とアドバイスをもらったことがある。このように病院に外部の人が入ってくれることにより気づかされることは多く，相手にわかりやすく伝えるという基本を日々のかかわりの中で見落としていないか考える機会となった。

　「かかわり」から「かかわりあい」へ
　年末が近づいたある日，看護師より一枚の紙を渡された。そこには「正月（TVで放映される）忠臣蔵，見たい」とAさんの字で書かれてあった。早速，Aさんにどうしたいか話しに行くと「外泊したい」という。身体的なことはもう落ち着いてはいたものの，外泊の判断は難しく他のスタッフと相談することにした。年末年始はスタッフも休暇に入り少なくなることもあったが，何かあったらSOSを出す練習にもなると思い，まず年末年始に入る前に一度試験外泊を試みることになった。何かあったら連絡するようにと病院の連絡先を持ってもらい，外泊に出発した。
　その日の夕方，早速福祉事務所から連絡があった。それは「追加の睡眠剤を持ってくるのを忘れたから病院に連絡してほしいと本人から相談があった」といった内容であった。薬のことでもあり病棟スタッフに対応してもらったが，電話を切った後まだ伝えることがあったようでどこに連絡をすればいいか病棟より問い合わせがあり，福祉事務所に連絡。しかし，本人はもう帰った後で結局は連絡ができなかった。そこで改めて連絡手段のないことを認識した。いくら，困ったときは相談してほしいなどといっても緊急時にタイムリーに連絡をするにはFAXが必要。しかし，彼はいままでFAXを使ったことがないという。よく聞くと「ほしい。でも使い方，わからない」ということであった。
　自ら困った体験により彼から「FAXがほしい」という言葉が聞かれたことはとても大きな意味を持つことだった。それは人とのつながりを求めていく第一歩でもあると思えたからだ。使い方については一緒に練習しようということで，福祉事務所や保健所とも連絡を取りFAXについて検討してもらい，時間

はかかったがFAXをつけることとなった。試験外泊はそのようなことがありながらも，新たな発見ができるいい機会となった。そして，年末年始の本人希望の外泊も決定した。

年末のある日のこと。病棟の廊下を歩いていると，遠くのほうで手招きするAさんの姿が映り，何かと思い近くに行くと部屋に招いてくれた。彼と二人並んでベッドに座ると，以前手話通訳者を通して「プルタブを集めて知人に車椅子を買ってあげる」といっていた空き缶のプルタブを見せてくれた。「やさしいんだね」と私は覚えたての手話で彼に言った。最近，彼は同室者で耳は聞こえるがうまく話せない人の世話をしてあげていることが多く，彼の世話好きな姿はよく目にしていた。また，その後「神様，足元で戦っている」と一生懸命に自らの体の中で起こっている体験について彼は話し始めた。その姿を見て，初めて彼から事務的でない話をしてくれていることが，自分の世界に招いてくれたように思えうれしくなった。そして，徐々に関係性が変化してきていることを実感した。

違いを知るなかで

年末年始の外泊はうまくいったようで休み明けに「安い床屋，散髪，ひげそった。テレビで忠臣蔵見た。毎年行っているお寺，初詣行った。お賽銭千円あげた」と詳しく報告してくれた。この頃から私を含め病棟スタッフに生活面の話をやわらかい表情でしてくれるようになっていった。一方で，「体の中，神様が戦って……」「日蓮大聖人が……」「宇宙から……」などという言葉も多くなった。手話通訳を通して，「以前，UFOが見えたのに信じてもらえなくて，それをいったら注射されて……ムリヤリ入院……だから医者には言わない」などと十数年前の初回入院時のいきさつも教えてくれるようになった。

そして，ベッドで独語のように，独り手話をしている姿も目立ってきた。これは精神症状が悪くなっているのか，それとも今までもずっと話したかったのに話せないで，いや話さないでいただけなのか。考えた末，担当医師に合同面接を依頼した。そこで，彼は「自分は宇宙人なのだ」と言い出した。聞こえない自分は聞こえる世界では異星人のようなものと言っているようで，彼のつら

さを思うと言葉が出なかった。そこで担当医が一言「地球は生きづらいですか？」と問いかけた。それに「つらいことばかり」とAさんが答えると，「生きやすくなるように僕たちがお手伝いしますから」と担当医。すると彼は満面の笑みを見せた。

　この彼の世界を受けとめた上での言葉の返し方と，それを受けての彼の表情を見て，私は心を揺るがされた。というのも，私は使用言語の違いをどこか意識しすぎていて，彼の世界に寄り添うことばかりにこだわるがゆえに，言葉でのやりとりをおろそかにしていたからである。そして，受容や共感というのは相手と同一化し一体化するということではないことに気づかされた。また，相手の世界を理解した上で異なる存在であるからこそ違う感じ方があり，それを生かして手助けもできるのだということを言語を通して伝えることだと思った。

　その後の年金支給日のこと，近くのコンビニにお金を下ろしに行く予定があり，彼から「二人で行きたい」と言われ病院を出た。後ろから車が来ていたので彼に伝える。すると「車の音，聞こえる？」と私に聞く。また，上空にヘリコプターが飛んでいると「あの音，聞こえる？」とまた私に聞く。今まで彼がこのような聞こえる世界に関心を持つ発言を聞いたことがなかったので私はできる限り答えた。また，数日後「神様の声が聞こえる…」と妄想的な発言。しかし，「なんて言っているの？」と聞くと「普通の人と同じように聞こえるようになるよって言っている」という。このように確実に他者との関係性により，違いを認識する中で彼の世界が広がっているようだった。

　春が近づき，FAXもアパートに設置でき練習も行い確実に退院へと向かっていたころ，同室に聴覚障害の人が入院してきた。彼はこの病棟ではなじみの人で自分からいろんな人にかかわっていく積極的な人だ。そんな二人が話せる相手もでき，楽しそうに手話で会話している姿を見ることが多くなった。そして退院の日，ちょうど聴覚障害の人が多い診察日に手話通訳者や聴覚障害の仲間に見送られての退院となった。

　以上が，筆者が聴覚障害と精神障害をあわせもつ人への支援について考えるきっかけとなった約半年間にわたるAさんとのかかわりの経過である。筆者は

かかわりのプロセスの中で，障害特性を含めAさんをどのように理解し，自分自身の伝えたいことをどのように伝達していけばよいのか模索し，言語的・非言語的なコミュニケーションを含め，Aさんの個別性に応じた援助者側のかかわり方，コミュニケーションの重要性を痛感した。そして，このかかわりを振り返ったとき，「Aさんが表現することばの意味を正確に理解するための確認作業ができていただろうか」「かかわりの目的を意識し，Aさんと共有できていただろうか」「援助や支援のタイミングがずれていなかっただろうか」「Aさんの独自性を見いだす援助ができていただろうか」という思いが蘇ってくるのである。

3　本書の射程

　本書では，これら筆者のPSWとしての実践経験も踏まえ，三つの方向（①実践現場，②支援者，③利用者）から射程を定め，聴覚障害と精神障害をあわせもつ人の支援について考えていく。実践現場として取り上げたのは精神保健福祉領域，支援者として限定したのは，精神保健福祉領域のソーシャルワーカー（PSW），利用者として焦点をあてたのは，聴覚障害と精神障害をあわせもつ人である。

精神保健福祉領域──実践現場

　精神保健福祉領域の実践現場は，昨今のメンタルヘルスの課題の拡大に伴い，広がりをみせてきている。直近の調査（厚生労働省・平成23年患者調査）では，精神障害者数は約320万人となり，精神保健福祉領域のサービス利用対象者は広がり，今までのような，精神障害者支援，精神医療，精神保健といった対象者の区分（図序-1）は曖昧となってきている。そして，メンタルヘルスの課題への対応は，狭義の精神障害者のみに限定されず，国民全体の問題として幅広く考えられるようになってきた。そして，精神保健福祉領域の支援者は広く複合的な社会問題も視野に入れ包括的に対象者を捉える必要性が出てきている。

　これら精神保健福祉領域における支援対象者の広がりを考えると本書が対象

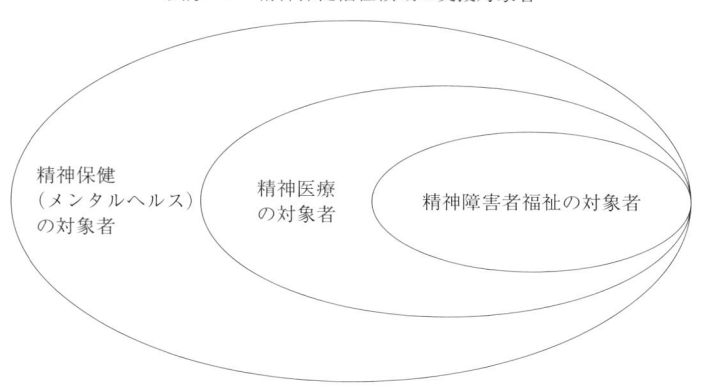

序　章　精神科病院におけるマイノリティの存在

図序-1　精神保健福祉領域の支援対象者

（楕円図：精神保健（メンタルヘルス）の対象者 ⊃ 精神医療の対象者 ⊃ 精神障害者福祉の対象者）

（出所）　精神保健福祉研究会監修（2007）『三訂　精神保健福祉法詳解』中央法規，74，参照し筆者作成。

とする利用者は，聴覚障害をもち精神障害者福祉サービスを利用している人，精神科医療を利用している人，メンタルヘルスの課題を抱える人など，聴覚障害と精神障害をあわせもつ人の範囲も拡大してくることがわかる。

　本書で射程とする実践現場の範囲は，精神保健福祉領域である。ここでの精神保健福祉領域とは「精神障害者を主な対象とする保健医療福祉に関する機関，施設での支援現場」と定める。

精神保健福祉領域のソーシャルワーカー──支援者

　精神保健福祉領域の支援者の中でも，ソーシャルワーカーはその名の通り社会的な側面を中心に生活の視点から，精神障害者及びメンタルヘルスの課題を抱える人を支援する職種である。精神保健福祉領域における福祉専門職は，PSW（Psychiatric Social Worker：精神科ソーシャルワーカー）という通称で実践現場では長年慣れ親しまれてきた。

　そして，1997（平成9）年に精神障害者の社会復帰に関する相談援助業務を行う専門職として，国家資格としての精神保健福祉士が誕生した。その背景には，精神保健法（1987（昭和62）年）や障害者基本法（1993（平成5）年）などにより，精神障害者が福祉の対象として法的に位置づけられた以降も，精神障害

者の多くが精神科病院に長期入院している現状と、精神障害者の社会復帰を促進することが、精神保健の向上及び精神障害者の福祉の増進を図る上でも喫緊の課題となっていた状況があった（日本精神保健福祉士協会編 1999）。

　ここで改めて国家資格名としての「精神保健福祉士」、従来からの通称である「PSW」、そして「ソーシャルワーカー」の関係について整理しておく。日本のPSWの先駆者である柏木（2002）は、精神保健福祉士のアイデンティティはソーシャルワーカーであると断言し、精神保健福祉士は今までの積み重ねてきた歴史を踏襲する意味でも、PSWと同義であると述べている。更に、柏木（2010）は、PSWとはジェネラリストソーシャルワーカーとしての要件を満たし、精神保健というスペシフィックな領域で活動する専門職であると、領域重視の位置づけを示している。このことは、スペシフィックソーシャルワークとは、個別領域や特定の状況下で必要とされるものへのジェネリックソーシャルワークの適用である（NASW 1974＝1993）と言われていることとも一致する。また、現代のソーシャルワーカーに求められているのは、特定の範囲に限定されない「ジェネラリストとしてのスペシャリスト」（西原 2000: 109）という主張もある。更に、佐々木は、精神保健福祉士という資格はソーシャルワーカーの専門性や実践をすべて規定しているわけではなく、ソーシャルワーカーあるいはPSWの実践の中で政策遂行が必要な部分について、国家資格を活用するために与えられていると柏木との対談の中で述べている（柏木・佐々木 2010）。

　つまり専門職のアイデンティティに関することでは「ソーシャルワーカー」、精神保健福祉領域の実践に関することは「PSW」、制度・施策に関することは「精神保健福祉士」と主張点によって区別することも可能である。それらの関係はソーシャルワーカーの中にPSWが、PSWの中に精神保健福祉士が包含されていると捉えることができる。そして、社会的な広い視野を持つソーシャルワーカーとしてのアイデンティティを根底に持ち、PSWとして精神保健福祉領域における実践の中で、精神保健福祉士という資格を活用する視点が重要であることを示している。

　なお、本書では、支援者の範囲としてPSWを射程とする。ここでのPSW

とは「国家資格として精神保健福祉士を有する精神保健福祉領域のソーシャルワーカー」と定義する。表記の仕方については，全体を通してPSWを用いる。

聴覚障害と精神障害をあわせもつ人——利用者

本書で対象とする「聴覚障害と精神障害をあわせもつ人」は，「聴覚障害」と「精神障害」の特性をもちあわせている人ということで，いわゆる重複障害といえる。

重複障害は一般的に，身体障害（視覚障害，聴覚障害，肢体不自由，内部障害，平衡機能障害，音声・言語障害，そしゃく機能障害），知的障害，精神障害のうち，二つ以上を有する場合をいう（永渕 2000）。その組み合わせは幾通りもあり，個別性も高く，一概に語ることが難しい現状がある。よって，社会福祉関係のテキストでさえ，明確に定義されているものは少なく，極めて限定された形の定義となっている（小島 1990）。それは，重複障害という規定が一貫した条件のもとで統一された概念として示されているのではなく，法律，制度，サービス体系によって異なる「重複障害」が存在している（中野 2008；相磯 2006）からである。

重複障害は様々な組み合わせが考えられる。身体障害の各種類や知的障害，精神障害の疾患別など考えると幾通りにもなる。また，その障害受傷の順番や，それぞれの障害の程度まで加味すると，何十通りもの組み合わせが考えられる。ここでは，その組み合わせの中でも聴覚障害を軸に重複障害を考えてみる。他の障害をあわせもつ耳が聞こえない人を「重複聴覚障害者」（稲葉 2007）といい，聴覚障害のカテゴリーのひとつとして捉えている場合もある[(2)]（野澤 2001）。

この重複聴覚障害の中でも独自の分野を確立しているのが，「盲ろう者」といわれる視覚障害と聴覚障害をあわせもつ重複障害である。法制度的にも，盲ろう者向け通訳・介助員養成事業と派遣事業が都道府県による地域生活支援事業として，障害者総合支援法において位置づけられている[(3)]。盲ろう者として，世界的に有名なのはヘレン・ケラーであろう。ヘレン・ケラーは「盲・ろう・唖」の「三重苦の人」といわれているが，視覚障害と聴覚障害をあわせもつ重複障害者であるともいえる。ヘレン・ケラーが初めて来日した1937（昭和12）

年，日本ではまだ盲ろう者という考え方はなく，当時の日本政府関係者の対応について愼（2005）は，ヘレン・ケラーは単に盲人であり，単にろうあ者であり，単にそれらが重複しているにすぎない障害者と考えており，盲人とは質の異なる特別な困難をもつ盲ろう者という認識はなかったと思われると述べている。また，盲ろう者を取り巻く状況について，聴覚障害者や視覚障害者を対象としたサービスを受けていたが，盲ろう者独自の困難さに対応することは難しかったと主張する（愼 2005）。これらのことは，重複障害者を考えるときの重要な考え方を示している。つまり，一言で重複障害者といっても，その組み合わせによって新たな独自の特性やニーズが生じるということである。重複障害について「足し算」ではなく「掛け算」の障害（福島・前田 2004）といわれる所以もここにある。

また，重複聴覚障害という言葉が比較的多く出てくるのが障害児教育分野の研究である。金澤（2006）は重複聴覚障害児への配慮とは，単に聴覚障害に関する配慮と他の障害に関する配慮とを足し合わせたものにはとどまらないと述べ，その中でもコミュニケーション環境の設定を重視している。また，健常者から見れば聴覚障害と他の障害をあわせ有する重複障害者であるが，ろう者から見れば彼らは障害のあるろう者であり，重複障害ではないと指摘している。これは，ろう者は障害者ではないという意味合いにも，主障害に従属障害があるというようにも考えることができる。

重複聴覚障害児の実践的研究としては，永石（2007）によるものがある。永石（2007）は，重複聴覚障害児の心理的・教育的支援を行っていくためには，個別的かつ専門的なアプローチが必要であり，そこで得た成果をより普遍的な知見とするために，実践における事例研究を積み重ねていくことが重要であると述べている。このことは本書の基本的な考え方とも重なる。

改めて重複障害の実態や概念について検討してみると，重複障害の実態調査には精神障害が含まれていないことが多く，精神障害を軸とする全国的な重複障害の調査は見あたらない。そして重複障害の概念については，二つの見方があることもみえてくる。ひとつは，主障害に他の障害が重なったという見方である。つまり，状況によりどちらか一方の障害が表面化し，もう一方が背面化

するという，二つの障害が主従関係にあるものである。もうひとつは，二つの障害が重なることで新たな障害が発生しているという見方である。つまり，前者は二つの障害が原因結果の因果関係となっており，後者は関連する複合的要因の交互作用から生じるものであるという捉え方といえる。

聴覚障害と精神障害の特性についても，ここで整理しておく。聴覚障害は，伝導路のどこかの損傷により聴覚の機能をほとんどあるいは全く損失し，聞こえやコミュニケーションなどに相当な制限をうける状態（赤塚 1999）と定義づけられている。しかし，聴覚障害者として考えた場合，その特性は障害を負った時期，聴力損失・残存聴力の程度，教育歴，家庭環境などにより異なる（Furth 1973＝1987；池頭 2001，山口 2003）。更に，「ろう者」「難聴者」「中途失聴者」にカテゴリー化されることが多く，コミュニケーション手段も「手話」[4]「筆談」「口話」など多様である。このように，聴覚障害は厳密に理解しようとするほど，多様でわかりにくい障害であることがわかる。

精神障害も，障害が直接目に見えにくく，理解されにくい（高橋 2007）。このわかりにくさは疾病と障害が併存しているという特性が大きく影響している。上田（1983）は疾病と障害との関係について，①疾患がなくなって障害だけが残った場合と，②疾患がまだ続いており障害と共存している場合の二つのタイプに分類できると述べている。上田の分類では，精神障害は後者に分類される。加えて，精神障害は疾病が再発・再燃しやすく，よりダイナミックに疾病と障害とが影響しあう（岩崎 2002）関係であり，そこには変動性がある。このことから，精神障害者は疾病と障害が共存し，常にゆれを繰り返す「揺らぎの障害者」（伊澤 2006: 469）とも言える。また，精神障害は「疾病と障害の二面性」（古屋 2001: 94）をもち，どちらか一方の側面が際立って表面化することもある。また，精神障害における障害と疾病の関係は，状況により変動する。つまり，状況によって障害のみが顕在化することもあれば，障害よりも疾病による症状が前景化することがある。その両者は常に存在しているということである。

疾病と障害との関係が共存したり，変動したり，一方が表面化したり，交互作用から複合的になることそのものが，精神障害の全体像をわかりにくくしている要因のひとつである。しかし，伊勢田（2002）が，複雑なものは複雑に捉

えて，複雑に対応するアプローチを考えていくことが，質の高い支援の提供を目指すには必要であると述べているように，このわかりにくさ，わからなさについて利用者と支援者がコミュニケーションを通じ探究していくことこそ，精神障害へのアプローチでは重要であると考える。

　これら聴覚障害と精神障害という二つの障害をあわせもつことによる特性や，支援の特徴はどのようなものかについて，次章から考えていく。

注
(1)　本事例は，聴覚障害者問題研究会発行『聴覚障害者の精神保健（第12集）』2004年，61-67頁を一部修正したものである。
(2)　野澤（2001）は聴覚障害者へのソーシャルワーク実践の経験を踏まえ，聴覚障害者を4分類（①言語獲得前失聴者（ろう者），②言語獲得後失聴者（難聴者・中途失聴者），③老人性難聴者，④重複聴覚障害者）し，生活ニーズへの支援について整理している。
(3)　盲ろう者向け通訳・介助者派遣事業は，1996年に東京都や大阪市など自治体単位で開始され，2000年から国の補助事業に発展し，2006年の障害者自立支援法（現，障害者総合支援法）に位置づけられたという経緯がある。この動向の発端は，盲ろう者の大学進学を支援する会を母体とする「社会福祉法人全国盲ろう者協会」の発足（1991年）によるといわれている（全国盲ろう者協会 2008）。
(4)　聴覚障害者のコミュニケーション手段は大きく「手話」「筆談」「口話」の三つに分けられる。「手話」は「日本語対応手話」と「日本手話」の二種類がある。「日本語対応手話」とは日本語で話す順番どおりに手話の単語をあてはめ，表現する日本語をベースにした手話である。一般の手話教室やテレビの手話通訳の大半がこの日本語対応手話である。一方，「日本手話」とは，主にろう者が使用する独特の文法，表情なども含め単語など独立した空間言語としての手話である。「筆談」は比較的容易に活用できる手段であり，紙に書いたり，最近ではパソコンなどを活用して行われる。しかし，相手の日本語習得レベルや理解度を考えて用いないと，伝達内容にずれが生じることがよくある。「口話」とは，相手の唇の形から言葉を読み取る読唇，読話と，発語によるコミュニケーションの形である。ろう学校では，読唇と残存聴力活用，音声言語を使用できるような音声指導など，口話法に限定した特別な教育と訓練が行われてきた歴史がある（野澤 2005；林・近藤 2002；木村・市田 1995参照）。

第 1 章
聴覚障害と精神障害をあわせもつ人への支援の特徴

　聴覚障害と精神障害をあわせもつとはどういうことなのか。その特性を視野に入れた支援はどのような特徴があるのか。ここでは，聴覚障害と精神障害をあわせもつ人への支援の特徴として，まずは二つの障害をあわせもつことによる特性について探っていく。また，聴覚障害者への精神医療，メンタルヘルスという視角から先行研究を整理し，更に支援者を PSW に絞った先行研究や実践報告について概観していく。

1　聴覚障害と精神障害をあわせもつことによる特性

　聴覚障害と精神障害の共通点として，どのような特性があるのだろうか。聴覚障害，精神障害とも「外見ではわからない障害」（内閣府 2007）[1]として，見えにくい，わかりにくいという特性がある。そして，支援アプローチとして重要なのは，コミュニケーションであることも共通点としてあげられる。ここでは，聴覚障害と精神障害をあわせもつ人の理解のために，聴覚障害と精神障害の相互影響性について考え，その特性について論じていく。

聴覚障害の特性を中心とした精神症状との関連
　人は感覚によって知覚し，物事を認知し，思考している。聴覚障害は聴覚という感覚器官の障害であるため，知覚にも影響を与え，コミュニケーションの問題が発生する可能性が高くなる。そのため，支援の場で的確にコミュニケーションを行うには，支援者側に人間の感覚器官の知識が必要となる。山下(2004) は，感覚について五感を取り上げ，自分と外とをつなぐ通路として，感覚を使うことは自分を開いて外と交信し，その経験を通じて喜びや楽しさを

発見し，他者と共有していくことに他ならないと述べている。つまり，感覚は人とのかかわりやつながりと密接に関連しているのである。人の五感の中でも特に多彩で精緻な情報のやり取りを可能にしているのは視覚と聴覚である（斉藤・森 1999）。よって，聴覚障害者は情報収集の中心を視覚に頼ることになるため，視覚の役割が大きくなると考えられる。

　次に知覚について考える。哲学者である Hume の理論によると，知覚は印象と観念という二つの要素から構成され，印象は直接的な強い力を持ち感覚的であるのに対し，観念は間接的でかすかな力を持ち思考推論的であると説明され，印象は観念に影響を与えるといわれている（Norton and Norton 2007；依田 2004）。この説明から考えると，聴覚障害者は物事を視覚により捉えることが多く，それも強い印象のみで受け止める傾向が強いといえる。よって，正確な情報が入らないと観念にまで影響を与え，知覚自体が歪んでしまう可能性が出てくる。このことは，精神障害をあわせもつ場合，周囲の笑いや視線に敏感であることとも関連し，情報・コミュニケーション保障の際に，いかに周囲の状況を伝えられるかが重要なポイントになる。

　しかし，聴覚障害といっても全く聞こえない人もいれば，状況や場所の要因によって聞こえづらい人もいる。また，補聴器などにより聴力を補っている人もいる。つまり，聞こえの程度によって知覚のバランスは異なることが考えられる。よって，聴覚障害者の支援をする場合に，まずは聞こえの程度について，状況や場所による違いも含めて確認しておく必要がある。その上で，物事をどう印象づけ，観念として捉えているかの検証が必要になってくる。

　聴覚障害が知覚に影響を与える障害であるということは，メッセージに含まれる概念把握を巡る相違，つまり認知の違いもコミュニケーション問題の大きな要素となる。特に先天性や言語獲得前に失聴したろう者に関しては，抽象概念の理解や，筆談による長い文章での伝達が困難である場合が多い。それは，言語獲得前に失聴し適した教育を受けられなかったことによって，助詞や副詞の習得ができず，文章能力のレベルが9歳程度で停滞してしまう「9歳の壁」[2]というろう教育で以前からよく使われていた言説に象徴されている（岡本・村井・畠口 1979）。9歳，つまり，小学校三，四年になると教育の中で比喩的表

現など抽象的思考が求められるようになるが、聴覚障害児にとってはこの9歳の壁を乗り越えるのが難しいとされていた。ピアジェの発達段階論でいうと、この時期は具体的操作段階から形式的操作段階に移行していこうとする始めの時期であり、その移行期を経て「もし……ならば、——である」という仮説演繹的操作や命題の論理的操作、時間や空間概念の確立など、形式的・抽象的レベルで操作を行うことができるようになる（竹内 1999）のである。中島・岡本・村井（1999）は、発達心理学の立場から9歳という年齢について、ここまで発達してきた言葉に関する機能が、更に抽象的思考の発達を支えるとともに、自分の世界を作りなおすという大切な役割をも果たすようになると述べ、その重要性を示していることからも明らかである。

　このことからも支援者は発達段階における概念把握形成についての知識を持ち合わせ、利用者の失聴時期を確認しておく必要があるといえる。更に、どのような教育を受けてきたのかについて、近年の聴覚障害児教育の動向も知識として持ちつつ、教育背景なども確認しておく必要がある。

精神症状の特性を中心とした聴覚障害との関連

　精神障害の中心的な診断名である統合失調症における、聴覚障害者の精神症状の特徴について考えてみる。河崎（1969）は聴覚障害者の統合失調症の特徴として、以下のように述べている。それは、嫉妬妄想が多く、注察妄想は少ない。幻覚では、幻聴が少なく、暴行、興奮などの問題行動が多く、拒絶、無言、無動、独語、空笑は少ないというものである。更に、幻覚体験については、聴覚障害者の概念形成は視覚を通じて形成されるため、現れる幻覚は聴覚性・言語性幻覚ではなく、視覚性幻覚であるはずだと主張している（河崎 1970）。このことは聴覚障害者の特性として見られる視覚の重視にも関連し、集中して自らが視覚を使う分、相手の視線などにも敏感となる可能性を示している。

　精神障害をあわせもつ人については、精神症状とも合わさり、被害的になる傾向がある。また、知覚の概念に基づいて考えると、聴覚障害者は物事を強い印象のみで受け止める傾向が強く、その際正確な情報が入らないと観念にまで影響を与え、知覚自体が変化してしまう可能性が高いと考えられる。このこと

は，相手の表情や視線に敏感であることに加え抽象概念の理解が困難なこととも関連すると，精神的ストレスが高じやすくなる傾向となる。

よって，精神障害をあわせもつ人の場合，精神症状と結びつき被害的，妄想的となる可能性がある。このことは，藤村（1995）が現場での臨床体験から聴覚障害者の統合失調症の特徴として，体感幻覚，被害妄想，追跡妄想，迫害妄想，注察妄想，が多いと述べていることとも一致する。また，藤村（1995）は少例であるが幻聴の訴えも確かにあると述べている。

聴覚障害者に幻聴が存在するかどうかをめぐっては他にもいくつかの見解がある。浅野（1984）は聴覚障害者の幻聴について，人や物の実体的な存在が感覚要素なしに何の媒介もなく体験される実体的意識性ではないかと主張する。この実体的意識性は，健聴の統合失調症者であれば各種の統合失調症の症状に速やかに移行し，別の現象名が与えられることになるが，聴覚障害者の場合は音声言語の体験がないがゆえに，移行せずにとどまり，より明瞭に持続的に観察される特徴があるという。

野本・町山（1985）は聴覚障害者の幻聴について，ドンドンと頭の中で鳴る太鼓の音という具体的な例を提示し，非言語性幻聴の存在を主張する。このことは片倉（1999）がある聴覚障害者の診察において，気になることがあると頭のうしろで"ピピピ"が起こったと表現した人の例とも類似する。このことに関して片倉（1999）は幻聴とは述べていない。しかし，声のようでもあり，考えのようでもあるという感覚性が明瞭でない幻聴の存在とも考えられる。

これら，存在しない聴覚にまつわる症状が存在するかどうかは，切断された手足を脳が忘れないためにいつまでも存在していると感じる幻肢体験とも類似すると考える。Ramachandran（1998）は脳神経科学者の立場から，幻肢体験は心と体の相互作用からくるものであり，周囲の世界から来る知覚刺激と免疫系との相互作用に関係すると述べている。身体的機能から考えると，補聴器による雑音や幼少期からの聴能訓練が幻聴と関連してくることも考えられる。日本で初めて人工内耳の埋め込み手術が行われた1986（昭和61）年以降，聴覚障害者の幻聴に関する論文が見あたらなくなったことは，何らかの関連があるのではないかと考えられる。よって，支援者は利用者の補聴器や人工内耳など補

聴機器の有無や，聴能訓練の経験なども基礎情報として確認しておく必要がある。

概念把握に関しては，抽象概念理解の困難さが認識のズレを生じさせ，コミュニケーションを困難なものにすることがある。そのため精神障害をあわせもつ人の場合，このズレによるわからなさが日常的になってしまうと，周囲に無関心で無為自閉な状態になってしまう可能性がある。

聴覚障害により情報が適切に伝えられず推測の部分が多くなってしまうと，状況に関する共有や前後の文脈に関する情報が得られず，コミュニケーション・モードの識別が困難となる場合が考えられる。その結果，幼少期から推測に頼るコミュニケーションパターンが形成され，自我の脆弱性が合わさると，相反する二つのメッセージに挟まれ身動きが取れなくなる状況に陥る危険性がある。この状況はBatesonのダブルバインド理論(3)と類似する。この状況が続くと，ダブルバインド状況に捕らえたれた人が示す自己防衛パターン「妄想型」「破瓜型」「緊張型」（Bateson 1972＝1990）と類似した三つのコミュニケーションパターンが現れると考える。

それは，①推測パターン（隠された意味を絶えず追求し自ら推測するようになるパターン），②確認パターン（言葉の内容のみに強迫的に執着し明確にしていくパターン），③無関心パターン（刺激を避け周囲のことには無関心となり自らの殻に籠もるようになるパターン）である。これらのパターンは聴覚障害と精神障害をあわせもつ人の場合，精神症状のパターンとも，独自のコミュニケーションパターンとしても読み取ることができる。よって，どちらのパターンなのかという見立てが難しくなる代表例といえる。ここでの的確な見立てのためには，支援にあたっての適切な情報収集が必要であることはいうまでもない。それは，支援者側の現象理解の仕方により，支援のあり方自体が異なってくると考えられるからである。

以上のように，聴覚障害も精神障害も多様かつ複雑であり，その二つの障害をあわせもつことで，更にその複雑さが増幅していることがわかる。また，聴覚障害の特性を中心にした見方と，精神症状の特性を中心とした見方では，支援者の見立てが異なる場合があることがみえてきた。よって，聴覚障害と精神

障害をあわせもつ人の支援では，双方向からの見立てを統合しつつ，複雑さを踏まえた理解が重要なのである。

2　日本における聴覚障害者への精神医療・メンタルヘルス

　日本における聴覚障害者への精神医療やメンタルヘルスに関する研究や実践報告は，1990（平成2）年頃から見られ始め，近年では精神科医や臨床心理士を中心に散見されるようになった。

　日本で聴覚障害者の精神保健の分野に関心が向けられてきたのは，1991（平成3）年に日本で開催された「第11回世界ろう者会議」で，「心理学・精神医学委員会」という分科会が設けられた影響が大きいといわれている。この分科会では，日本からも精神科医の藤田（1991）が「ろう者の心因反応について」，同じく精神科医の片倉（1991）が「日本における聴覚障害者支援の課題について」発表している。

　この世界ろう者会議で片倉（1991）は，当時の日本の精神医療における聴覚障害者の実態について，聴覚障害ゆえに充分な精神医療を受けていない例や，充分な理由のないまま精神科に長期入院している例が多い現状を述べ，今後の課題として五つ提言した。その課題とは，①聴覚障害者の心理相談や精神医療にたずさわっている関係者のネットワークづくり，②国内の聴覚障害者精神医療の実態把握，③聴覚障害者の精神疾患，心因反応の研究の促進，④行くところのない重複聴覚障害者の居場所づくり，⑤手話のできる専門スタッフのいる相談，診察，短期入院施設の必要性について検討すること，である。それまで，日本では聴覚障害者のメンタルヘルス全般については取り上げられることは少なく，参加者に大きなインパクトを与えた。片倉（1991）の指摘から20年以上が経過した現在，この課題はどのくらい解決されたのだろうか。その実態を先行研究等から検証してみる。

聴覚障害者の心理相談や精神医療にたずさわっている関係者のネットワークづくり
　世界ろう者会議の翌年，1992（平成4）年に会議に参加していた精神科医や

ソーシャルワーカーを中心に「第1回全国聴覚障害者心理相談精神医療関係者交流会」が設立された。当時の問題現象として，聴覚障害をもち精神的な問題を抱える人たちが孤立している状況や，更にその人たちを支援する人たちも相談する場がなく孤立していく状況があった。よって，「支援者のネットワーク作り」を設立趣旨の一つとして設立された集まりである。次年度からは「聴障者精神保健研究会」と名称を変え，第7回目からは「聴障者精神保健研究集会」として，年に一回聴覚障害者のメンタルヘルスに関する研究集会を継続して開催している。この研究集会では先駆的に聴覚障害者のメンタルヘルスに取り組んできた人たちや，今現場で奮闘している支援者の実践報告を中心に意見交換や交流が行われている。

　また，心理学領域では1995（平成7）年の「日本心理臨床学会」で初めて自主シンポジウム「聴覚障害者の心理臨床」が開催され，毎年聴覚障害関連のテーマで回を重ねている。そして，このシンポジウムの内容を取り上げたものが，わが国初の聴覚障害者の心理臨床の専門書『聴覚障害者の心理臨床』として発刊された（村瀬 1999）。その後も同テーマで継続して議論され，ネットワークが広がっている様子がその続編（村瀬・河崎 2008）からもみることができる。

　ソーシャルワーカーの領域でも，2006（平成18）年に日本聴覚障害ソーシャルワーカー協会が設立された。聴覚障害のある支援者を中心に，聴覚障害のある人たちの相談支援を行っている社会福祉士または精神保健福祉士が集まり，ネットワークを広げ交流が行われている（日本聴覚障害ソーシャルワーカー協会 2010）。

国内の聴覚障害者精神医療の実態把握

　聴覚障害者の精神医療に関する実態調査は，地域限定でひとつだけみられる。それは，1994（平成6）年に北海道に限定して行われた精神科病院に入院する聴覚障害者の調査である（滝沢 1996）。その調査では，北海道の精神科病院の70.3％が入院患者の中に聴覚障害者がいると答えている。また，聴覚障害者がいると答えた精神科病院に入院する聴覚障害者の疾患は，北海道全体の精神障害者全体に比べ，統合失調症，てんかん，そううつ病が少なく，老年期認知症

を含む脳器質性精神障害と精神発達遅滞が多いという結果であった。この結果について滝沢（1996）は聴覚障害者の心理的反応に対する無理解やコミュニケーションの難しさから誤診されているケースも含まれているのではないかと述べ問題提起をしている。[4]滝沢の調査以降，限定的な調査も含め全国的な実態調査は行われていない。

聴覚障害者の精神疾患心因反応の研究の促進

聴覚障害者の精神疾患に関する研究は1990年代以前より行われていた。統合失調症の精神症状の特徴に関するもの（河崎 1969；1970），その中でも幻聴に焦点をあてたもの（浅野 1984；野本ら 1985）がある。そのどれもが病理学的な視点からの研究ではあったが，聞こえない人の幻聴の存在や視覚を中心とした妄想に関するものなど，興味深いものである。しかし，1990年以降同様の研究は見られなくなった。

一方，1990年以降は，実践的な研究が見られるようになった。これは，1993（平成5）年に日本で初めて精神科病院として専門の聴覚障害者外来を開設した琵琶湖病院の影響が大きいと考えられる。琵琶湖病院に勤務する藤田（2005）はコミュニケーション手段を患者側に合わせるということ自体が治療的であり，聴覚障害者と精神科医療の重要なポイントであると主張している。同様に，古賀（2005）も精神科病院において聴覚障害者のみを対象とした集団精神療法グループの報告の中で，ろう者が健聴者に合わせるばかりでなく，自分の表現を尊重される集団が存在すること自体が治療的土壌であったと述べている。

しかし，多くの精神科病院における聴覚障害者の現実は，人に迷惑をかけず集団生活が送れることや，問題行動を無くすことに治療目標が置かれている現状がある（月江 2004）との指摘がある。しかし，その現状を打破するために月江（2004）は看護師の立場から，精神科病院に入院する聴覚障害をもつ患者の看護援助の可能性を，グループ活用の視点から明らかにしている。このように，コミュニケーションに配慮した上で，そのコミュニケーションを治療や援助にどのように活用していけるかが，精神医療分野では重要であることがわかる。

聴覚障害者のメンタルヘルスに関する研究は，臨床心理士によって広がって

きている。その内容は、心理テストに関するもの（滝沢 1999; 2006 など）、中途失聴者・難聴者に限定したもの（山口 2003）、親子関係や家族関係に焦点をあてたもの（河崎 2004）、重複聴覚障害者施設における心理的援助実践及びスタッフへのコンサルテーション（村瀬 2005）、老年性難聴による高齢聴覚障害者のメンタルヘルス（鳥越 2000）など多岐にわたる。

　これらの先行研究から、実践的に重要な指摘、提言と考えられるものを取り上げる。滝沢（1996）は聴覚障害と精神障害が合併している場合、聴覚障害であることに目を向けず、精神的な問題として処理する傾向があるのではないかと指摘する。そして、さまざまなコミュニケーション手段を用いて意思疎通をはかろうとする過程が、実は聴覚障害の患者とのラポールを形成することになり、精神病理を理解する手がかりとなるのではないかと述べている。

　支援関係における支援者の感情に焦点をあてると、ことばが使えないことの無力感の反動形成として、救世主になったかのような感覚に襲われることも起こってくる（古賀 1999）との指摘がある。大倉・高橋・山本（2006）はカウンセリングに手話通訳者を導入したプロセスを提示し、手話通訳者を通訳だけではなく、一緒に会話に加わるという三者関係を考慮に入れたカウンセリングへと形を変えることにより、クライエント・セラピスト間の緊張が緩和され、治療が進展したことを報告している。

　また、滝沢（1999）は精神保健のスクリーニング・テストとして信頼性のある日本版 GHQ を用いて聴覚障害者に対して精神保健調査を行ったものを報告している。そこでは、相手の最も得意とするコミュニケーション手段を用いて個別に検査する必要性が示唆されている。具体的に、ろう者を理解するためには、まず彼らの心の世界と存在様式を明らかにする必要があること、ろう者を病理的視点から捉えるか、ろう者独自の世界を認めるかでその理解の仕方は違ってくると述べている。

　更に、藤田（2003）は精神医療を利用する聴覚障害者への対応について、最も理解しやすいコミュニケーション手段を保障することに加え、聴覚障害をもつことから起こっているものか、精神障害によるものかを慎重に区別してみることが重要であると主張している。このように、具体的な支援方法や対応への

提示も医師や臨床心理士によって行われている。

行くところのない重複聴覚障害者の居場所づくり

聴覚障害を軸に知的障害をあわせもつ人を中心とした重複聴覚障害者施設には，精神障害をあわせもつ人も何割かは含まれている。1982（昭和57）年，全国で初めての重複聴覚障害者施設として，「いこいの村栗の木寮」が京都に作られた。今まで知的障害をあわせもつ聴覚障害者は，聞こえる人が中心の知的障害施設に入所することが多かったが，この施設は，当事者や親の運動によって作られた背景がある。そして，1985（昭和60）年には埼玉県に「ふれあいの里どんぐり」が開設された。この「ふれあいの里どんぐり」は，漫画「どんぐりの家」の題材となり後に映画化もされ，知的障害をあわせもつ聴覚障害者の現状を社会に訴えることにもなった。その後，大阪に「なかまの里」（1994（平成6）年），東京に「たましろの郷」（2002（平成14）年）が重度身体障害者授産施設の位置づけで，重複聴覚障害者施設として作られた経過がある。

近年では地域活動支援センターのグループワークなどにおいて，聴覚障害と精神障害をあわせもつ人の支援が行われ（稲 2005），地域における居場所としての機能を持ち合わせた活動も展開されている。

手話のできる専門スタッフのいる相談・診察，短期入院施設の必要性

1993（平成5）年，日本で初めて精神科病院における専門の聴覚障害者外来が琵琶湖病院に開設された。その取り組みについて古賀・藤田・小林（1994）は紹介し，従来の精神医療のモデルに聴覚障害者をそのまま当てはめようとすると，適切で十分な医療から外れていく危険性があると指摘している。琵琶湖病院の手話のできるスタッフを配置して行う取り組みは聴覚障害と精神障害をあわせもつ人への支援を考える上でも非常に参考になるものである。また，琵琶湖病院では入院環境においても，視覚による情報の提示など具体的な配慮を行っている（寺井 2004）。現在，琵琶湖病院以外で手話のできる専門スタッフを配置している精神科病院はないのが現状である。このように，約20年前に提示された課題は日本でいまだ解決されているとは言い難い現状なのである。

3　アメリカにおける聴覚障害者のメンタルヘルス

　ここで，アメリカにおける精神障害と聴覚障害をあわせもつ人への支援について文献を中心にみていく。アメリカでは Mental Health Care of Deaf People として聴覚障害を軸に聴覚障害と精神障害をあわせもつ人への支援に関する研究が行われていた。

　アメリカではじめて聴覚障害者への精神保健プログラムが設立されたのは，1963（昭和38）年の Rockland Psychiatric Center と Saint Elizabeths Hospital からであった（Goulder 1977）。日本の取り組みより30年前のことである。

　その後，アメリカでも聴覚障害者へのメンタルヘルス支援は試行錯誤されてきたようである。Elliott ら（1987）が心理テストなどアセスメントの重要性について論じている一方で，Denmark（1994）は聴覚障害は目に見える問題ではないので理解は難しいという状況を述べている。アメリカでは，聴覚障害者と健聴者における精神疾患の発病率は同程度である（McEntee 1993）との報告があるが，実際は未熟な精神保健専門家により，多くの聴覚障害者が心理的障害あるいは精神的疾患として扱われていると，アセスメントの不十分さと誤診の可能性が指摘されている（Turkington・Sussman 2000＝2002）。そして，聴覚障害者は精神保健サービスを利用しにくい環境に置かれている現状も課題としてあげている。

　Glickman・Harvey（1996）は聴覚障害者への精神科医療では，差異尊重の文化モデルからのアプローチが適していると述べ，①支援者の自己認識，②聴覚障害者の共同体や文化に関する知識，③文化的配慮による治療的介入の必要性を主張している。そして，精神科病棟での具体的な取り組みを紹介したもの（Glickman・Gulati 2003）や，聴覚障害者への認知行動療法に焦点をあてた取り組みについても紹介している（Glickman 2008）。

　これら，アメリカにおいてもアセスメントの困難さはありつつも，実践の場から支援の工夫を発信していることがわかった。また，当初よりソーシャルワーカーが支援者の中に多く含まれていた（Goulder 1977）ことは特筆すべきこ

とであろう。

4　PSWによる聴覚障害と精神障害をあわせもつ人への支援

聴覚障害分野におけるソーシャルワーク研究

　かつて，日本においてソーシャルワーカーで聴覚障害者の精神医療，メンタルヘルスを中心にかかわっている者は多くなかった。日本で行われた第11回世界ろう者会議で「ソーシャルワーク会議」が初めて開催されたが，日本からの参加者はほとんどが「ろうあ者相談員」であり，他国のソーシャルワーク専門教育を受けたソーシャルワーカーとの違いが浮き彫りとなったといわれている。この会議で報告をした野澤克哉が先駆的なソーシャルワーカーの一人といえる（第11回世界ろう者会議組織委員会編 1991）。野澤はソーシャルワーカーとして，ことばと社会生活の困難さを中心とした論文（野澤 1989），就労支援を中心とした聴覚障害者との具体的なかかわりが，コミュニケーションの特性とともに詳細に記述された文献（野澤 2001）など，聴覚障害とソーシャルワークに関する実践について，日本で先駆けて取り組みを行った人物である。

　2000年代に入ると，野澤のみならず聴覚障害分野のソーシャルワークに関する研究・論文が増加してきている。具体的には，奥田（2002；2004）による聴覚障害者の中でのろう者に焦点をあてたものがある。それは，ろう文化とソーシャルワークの視点を絡めた非常に重要なものである。しかし，この論文は理論研究が主となっており，具体的な援助技術，方法論に関しての論述はない。また，聴覚障害者の職業生活に関するもの（杉本 2006），聴覚障害者へのソーシャルワークを中心に聴覚障害者支援についてまとめたもの（奥野 2008），聴覚障害ソーシャルワークの専門性について検討したもの（原 2008；2009；2011）が出てきている。そこでは，文化的アプローチとマイノリティ支援の視点の重要性が示されている。

　更に，2006年の日本聴覚障害ソーシャルワーカー協会の設立によって，聴覚障害ソーシャルワークの動きが活発化してきている（日本聴覚障害ソーシャルワーカー協会 2010）。しかし，ソーシャルワーカーの中でもPSWに限定すると実

第1章　聴覚障害と精神障害をあわせもつ人への支援の特徴

践報告が中心となっている。ここでは，支援者の中でもPSWに焦点をあて，先行研究をみていく。

　先述した聴障者精神保健研究集会の実践報告をみると，1992（平成4）年から2006（平成18）年の15年間でPSWよる実践報告は18本あった。その内訳は，精神医療現場におけるソーシャルワーク実践に関するものがほとんどを占め，統合失調症の人のみならず，アルコール依存症やPTSDの人を対象にしたものや，地域連携に関するもの，グループワークに関するものなどがみられた。いずれの報告も個別事例を取り上げ，支援における困難性や工夫をリアリティある現場感覚により実態が浮かび上がるような報告であった。

　また，大塚（2002b）は精神科病院でのソーシャルワーク実践を通して，聴覚障害と精神障害をあわせもつ人とのかかわりから，障害受容のプロセスや生活支援についての考察を踏まえ，ソーシャルワーカーに大切な視点を整理している。更に，大塚・西川（2004）はPSWの立場から実践を通し精神科医療機関への受療権利保障という環境調整の重要性について主張している。

　聴覚障害と精神障害をあわせもつ人へのソーシャルワーク実践のポイントとして，赤畑（2006）は事例分析を基に，ソーシャルワーカーの視点や原則を踏まえ，以下の五点を提示している。

　①　コミュニケーション手段の特徴の違いを知識として持ちあわせ，クライエントの失聴時期や教育歴を中心に背景を把握した上で，クライエントと共に，最も自己表現しやすいコミュニケーション手段を選択していくプロセスを重視すること。

　②　知覚の役割や影響を意識した上で，クライエントが言語的，及び非言語的に表現していることの意味を，抽象概念を具体的なことに変換しながら，言語を通して相互に確認していく作業を中心とすること。

　③　抽象概念をできるだけ控え，印象に働きかける視覚情報を活用しながら，メッセージの内容，及び援助，支援，コミュニケーションの目的を具体的に示し明確に，的確に伝えた上で行うこと。

　④　クライエントの背景（失聴時期，教育歴など）を把握し時間的な概念理解を考慮した上で，クライエントのニーズやストレス状況（笑いによるストレスな

ど）が発生した場面を見逃さず，その場でタイムリーに具体的に介入していくこと。

⑤　一人ひとりの知覚の役割や影響，コミュニケーション手段の違いを意識し，クライエントの障害による差異性を独自性として捉え直し，認めていくこと。

PSW によるかかわり

　その他，精神保健福祉士の専門職団体である日本精神保健福祉士協会が主催する日本精神保健福祉学会（現・日本精神保健福祉士学会）では，PSW による聴覚障害に関する実践発表が行われている。日本初の聴覚障害者専門外来を開設した琵琶湖病院の PSW が聞こえる人と聞こえない人との交流の場として手話勉強会というグループを開催した報告（下坂・西川 2002），手話通訳派遣制度を活用したコミュニケーション保障を中心に継続的かかわりを通し，つながりの豊かさが高まり QOL が向上した事例についての報告（大塚 2002a）を皮切りに，聴覚障害関連の実践報告，研究発表が行われている。2003（平成15）年以降は，支援関係に焦点をあてた実践事例（赤畑 2003），聴覚障害学生の PSW 実習（赤畑・髙山 2005），セルフヘルプグループ活動（稲 2005），手話通訳者との連携・協働体制（赤畑 2008a），米国における文献研究（髙山・赤畑・稲 2009），ろうあ児施設における PSW の取り組み（髙山・中村 2010），聴覚障害のある PSW の取り組み（根間 2010）などがある。2012（平成24）年にはこれまでの発表者を中心として「聴覚障害と精神保健福祉――現状を打破するための一歩として」というテーマでプレ企画シンポジウムが開催されている。更に，2006（平成16）年に設立された日本聴覚障害ソーシャルワーカー協会の活動とともに，自ら聴覚障害のある PSW の活躍が近年目立ってきている。

　これら，PSW による聴覚障害と精神障害をあわせもつ人の支援では，コミュニケーションを軸に個別性の原則が貫かれている実践報告が中心であった。その重要性は，柏木（2005）が聴覚障害と精神障害をあわせもつ人への事例において，スーパーバイザーとして発言したコメントに集約されている。柏木（2005）は自らの聴覚障害者との過去の面接を振り返り「コミュニケーション

がとれるなら相手にする」という隠然たる差別があったのではないかと自省した上で，聴覚障害があるがゆえに健聴者とは異なった具体的かつ緻密なコミュニケーション形式をつくりあげていくことが，PSWとして必須のクライエントの人格尊重という基本的姿勢であると述べている。このコメントからもわかるように，人の尊厳を理解し保持したかかわりの具現化として，コミュニケーションについて考えていくことが聴覚障害と精神障害をあわせもつ人への支援において重要なのである。更に，林・近藤（2002）が精神障害を重複する聴覚障害者の特徴として，対人関係や社会関係の形成に困難が発生すると述べているように，対人関係，社会関係に焦点をあてた援助・支援が必要となってくる。

このように聴覚障害と精神障害をあわせもつ人の支援，その中でも精神保健福祉領域におけるPSWによる支援は，実践報告を中心に議論が展開されていた。これらの先行研究レビューからは，支援の実態や工夫も少なからずみえてきた。しかし，あくまでも個々の事例による実践報告や研究が中心であり，クライエントの個別性の高さゆえ，PSWによる普遍化，体系化された研究はされていない。PSWによる実践が積み重なってきた今こそ，一定の枠組みから支援者自身に焦点をあてた経験の集積による研究が求められているといえる。

本章では，聴覚障害と精神障害をあわせもつ人への支援の特徴として，聴覚障害と精神障害をあわせもつ人の特性，支援の変遷，PSWよる実践報告について，先行研究を中心に整理して示した。次章では，現状把握として実践報告を中心に文献調査を行う。

注
(1) 内閣府は『障害者白書（平成19年度版）』で，共生社会のために障害の理解が必要であるとし，「障害は多種多様で同じ障害でも一律ではないこと」「外見では分からない障害もあること」を示している。外見では分からない障害としては内部障害や発達障害とならんで，精神障害と聴覚障害をあげている。また，山口（2003）は著書の中で目に見える障害者への体験による「慣れ重点アプローチ」に対比して，目に見えにくい障害者については体験のみならず「理解重点アプローチ」を提唱し聴覚障害者とともに精神障害者や学習障害児を類似するものとしてあげている。

(2) 「9歳の壁」という言葉は，1964（昭和39）年7月「今月の言葉」として，当時東京教育大学付属聾学校の萩原浅五郎校長が「九歳レベルの峠」（萩原 1975: 62）という言葉を使ったこ

とから，広がったとされている。「『九才レベル』の頭打ち」などとも言われていた（岡本ら 1979: 127）

(3) ダブルバインド理論は統合失調症の家族研究として人間のコミュニケーションに焦点をあて，統合失調症の問題行動とその治療を中心に扱った理論である。この理論は，統合失調症に限らず，すべてのコミュニケーションにとって重要な一般原理による問題という視点でも論じられている。ダブルバインド理論では，前提として統合失調症者のコミュニケーションの特徴として，自我の脆弱性により状況に関するコンテクストが共有されず，コミュニケーション・モードの識別が困難となると述べている。加えて，矛盾するメッセージや逃れられない関係性などの要素が揃うとダブルバインド状況に陥り，自己防衛の行動をとるようになるとされている。その自己防衛のパターンは，①妄想型：「あらゆる言葉の裏に，自分を脅かす隠された意味があると思いこむようになるケース」，②破瓜型：「人が自分に言うことを，みな字句通りに受け取るようになるケース」，③緊張型：全てのメッセージに対して「耳をふさぐケース」と三つに分類される（Bateson 1972＝1990)。

(4) 他にも滝沢ら（2004）は聴覚障害児・者への心理検査の実態を調査し，心理検査のみで心理的アセスメントを行うのは困難であると述べ，面接や観察も含めて総合的に判断する必要があると述べている。

第 2 章
支援における困難性の内容と構造

 聴覚障害と精神障害をあわせもつ人の支援は，支援現場で困難事例として扱われることが多い。はたして，支援者は何を困難と感じているのだろうか。支援者が感じる困難性について精査することで，聴覚障害と精神障害をあわせもつ人の支援実態が把握できるのではないかと考える。よって，ここでは，聴覚障害と精神障害をあわせもつ人の支援における困難性を実践報告などから抽出し，その内容や傾向，影響要因等の特性を調べ，支援における困難性の構造について考えていく。

1　実践報告にみる支援者の困難性

 聴覚障害と精神障害をあわせもつ人の支援について書かれた文献は数少なく，彼らを支援する人たちの集まりも少ない。日本では聴覚障害者の精神保健に関する研究集会として，1992（平成4）年から年一回開催されている「聴障者精神保健研究集会」が唯一のものである。ここではこの研究集会報告書を対象に文献調査を実施する。

調査対象
 文献調査の調査対象は「聴障者精神保健研究集会報告書」（第1回：1992（平成4）年から第15回：2006（平成18）年）の15年間分（総ページ数：1599ページ）である。この報告書は研究集会での講演・実践報告・質疑応答などすべてが逐語録として掲載されている貴重な資料であり，日本における聴覚障害と精神障害をあわせもつ人の現状や実態を把握し，支援における困難性を整理するには適切な文献である。

支援における困難性として，支援者の視点に焦点をあてるため，本調査では144本の実践報告等から，当事者・家族からの報告を除いた138本を調査対象とした。報告発表者（延べ人数）の職種をみると，聴覚障害者を支援対象とする施設の職員が28名と最も多く，次いで精神保健福祉士を中心としたソーシャルワーカー，精神科医，ろうあ者相談員，臨床心理士と続く（表2-1）。所属機関別では，医療機関が34名と多く，次いで聴覚障害者施設，聴覚障害者関連機関・団体であった。全体として聴覚障害者領域のものが大半を占め，精神保健福祉領域においては特定の医療機関の医師やソーシャルワーカーの発表が多くみられる（表2-2）。本調査では，支援の実態の全体を把握するために，PSWに限定せず，支援者全般を対象とした。

支援における困難性について

　文献調査で焦点をあて取り上げるのは，支援における困難性である。「困難」とは広辞苑（第六版）によると「①苦しみ悩むこと。②ものごとをなしとげたり実行したりすることが難しいこと。難儀」（新村編 2008: 1007）とある。支援における困難性とは，支援者が感じる困難性のことであり，同義語として困難事例という言い方がある。吉川（2001）は，支援者が多側面から当該の事例に対して取り組みを行う中で，「困難感を持つこと」によって「困難事例」は成立するとし，「困難事例」自体がもともと存在するわけではないと述べている。同様の論点として，福山（2006）は援助困難を患者や家族の能力の限界として支援者が思い込み，釈明していることが多いのではないかと指摘する。これらの指摘は，困難とは支援者の認識によって変化することを示している。このように考えると，支援者側が「支援困難事例」を生み出していないかという視点からのチェックが必要（岩間 2008）である。一方，既存の縦割り制度では対応できない事例が，支援困難事例とされている報告（岡田 2010）もある。更に，岡田（2010）が行った調査によると，対象者を支援困難と感じた状態や理由として「精神不安定・情緒不安定」「精神科で診断を受けた病気がある」が上位を占めていたという結果もある。[1]よって，精神障害が含まれることで支援困難と感じる傾向が高くなることが予測される。

第2章　支援における困難性の内容と構造

表2-1　報告発表者の職種

職　　種	人数（人）
施設職員(1)	28
ソーシャルワーカー(2)	25
医師（精神科医）	18
ろうあ者相談員(3)	12
臨床心理士	11
教　員	6
手話通訳士	5
看護師	5
学　生	5
その他(4)	15
不　明	8
合　計	138

(注)　(1)施設指導員・施設相談員など。
　　　(2)MSW・PSWなど。
　　　(3)聴覚障害者指導員・障害福祉相談員含む。
　　　(4)ホームヘルパー，保健師，作業療法士，
　　　　弁護士，職場定着アドバイザー，研究員，
　　　　団体職員，会社員，鍼灸師など。

表2-2　報告発表者の所属

種　　別	所　属　機　関	人数（人）
医療機関	精神科病院，総合病院など	34
聴覚障害者施設	通所・入所授産施設など	29
聴覚障害者関連機関・団体	聴覚障害言語センター，手話通訳派遣センター，聴覚障害者情報提供施設，家族会，当事者団体など	25
教育機関	大学，ろう学校など	21
公的機関	国立リハセンター，都心身障害者センター，都道府県，市区町村など	10
精神障害者関連機関・団体	精神障害者授産施設，全家連など	5
その他	心理センター，一般企業，鍼灸院など	3
不　明		11
合　計		138

そもそも，支援の対象として顕在化してくる生活上の問題自体，人と環境の諸条件の交互作用の結果生じ，関連する要因は複数でその作用は多次元的（根本 1990）であるといえる。重複障害に関しては，複数の種類の障害をあわせもつことがもたらす困難は，単に単一障害を複数加算しただけでなく，その何倍にも追加・増幅した困難がもたらされている（大崎 2010）ことは重複障害教育においても従来からいわれていることである。よって，聴覚障害と精神障害をあわせもつ人への支援では，ふたつの障害をあわせもつことによる利用者の困難性を加味すると，より多側面からの支援における困難性の検討が必要であると考える。よって，本調査では困難性の中身を吟味し，支援者が困難感を持つに至る背景も視野に入れ，多側面から調査分析を行う。

分析方法──内容分析法

　分析方法は，内容分析法を採用する。内容分析法とは，明示的なメッセージの内容を類似性に基づき分類・命名する分析方法であり，カテゴリーを定め，それに内容を分類包摂させ数える技術である（Berelson 1957 = 1957）。

　採用理由は，①調査対象が報告書という観察可能で具体的な形をとったものであること，②聴覚障害と精神障害をあわせもつ人の支援という，極めて限定された領域の現状を把握するには，明示的なメッセージの個々の特徴を明らかにする必要があること，③明らかにした特徴からいくつかの推論を行う技術を含む分析方法が最適であると考えたことによる（有馬 2007; Krippendorff 1980 = 1989）。

　内容分析によるデータの抽出方法として，①同じ言葉，②同じ意味を指す言葉，③同じ原因から生まれたと判断される言葉，及び同じ効果を引き起こすと判断される言葉（Berelson 1957 = 1957）がある。本調査では③の要素を重視し，文章の流れや文脈を重視しながら，困難性の内容を前後の文脈からも把握できる最小単位として，文節を抽出単位とした。

　本調査では分析対象である138本の実践報告等から「支援における困難性」を把握するため，支援者が支援において「困ったこと」「難しかったこと」「苦しかったこと」「悩んだこと」「迷ったこと」を含む文節を抽出し，分析を行った。

表2-3　報告書分析における枠組みスケール

保健医療福祉システム	サブスケール
①利用者（対象者）	本人と家族（障害，疾病，症状，行動特性，関係性，家庭環境）など
②支援者（専門家）	医師，看護師，臨床心理士，SW，施設指導員，手話通訳者など
③支援者間（職員間）	同僚間，他職種間，他領域間，連携，協力体制など
④組　　織	施設，機関，職場（組織の特性，方針，業務内容，職員体制）など
⑤専門性	知識，情報，概念，方法，技術，理念，倫理など（各支援者の視点から）
⑥社会資源および制度	障害者総合支援法，コミュニケーション保障制度など
⑦地域社会	コミュニティ，文化，（ろうコミュニティ，文化も含む）など
⑧専門家集団	職能集団，各種団体，研修，教育活動など

分析枠組み

　分析枠組みとして，保健医療福祉システムを適用する。保健医療福祉システムとは，支援者を取り巻く環境の8つのシステム（①対象者，②専門家，③職員間，④組織，⑤専門性，⑥社会資源および制度，⑦地域社会，⑧専門家集団）である（福山 2000)(2)。この分析枠組みは，直接的要因のみならず環境からの影響を含め，多側面から支援者が何に困難を感じているかを理解するためには適していると考える。この枠組みに準じ，内容を損ねず聴覚障害者の精神保健にかかわる支援者を取り巻く環境を分析するためにサブスケールを加えたのが，表2-3である。

分析手順と妥当性の検証

　分析手順として，まず「支援における困難性」を含む文節を，①保健医療福祉システムの8つのシステム，②時期別，③支援者専門領域別に分類した。次に，困難性の内容把握のため，④抽出した文節（ローデータ）を縮約し二次データを作成，⑤二次データを集約しカテゴリーを作成した。

　分析の妥当性を高めることを目的に，指導教授，及び質的研究者のスーパービジョン，大学院生によるピアチェック，「聴障者精神保健研究集会」参加者へのアンケートとしてのメンバーチェック(3)，精神保健福祉士によるピアチェックを行った。(4)

2　支援における困難性の内容

　対象文献から「支援における困難性」が含まれた文節を抽出した結果，1399文節であった。この1399文節を保健医療福祉システム，時期別，支援者の領域別に分類した。また，「支援における困難性」の内容については次節で明らかにしていく。

保健医療福祉システムによる分類

　支援における困難性が含まれた1399文節を保健医療福祉システムに分類した結果，以下の内訳となった。それは，①利用者：478（34％），②支援者：492（35％），③支援者間：55（4％），④組織：117（8％），⑤専門性：124（9％），⑥社会資源・制度：37（3％），⑦地域社会：85（6％），⑧専門家集団：11（1％）である。この結果から，利用者，支援者というミクロレベルの困難性が全体の約7割（69％）と多く語られていたことがわかった。また，メゾレベル（支援者間，組織，専門性）は約2割，マクロレベル（社会資源・制度，地域社会，専門家集団）はさらに低く約1割であった（表2-4，図2-1）。

　このことから，支援者たちは，利用者に関すること，支援者自身に関することなど，ミクロレベルで支援における困難性を認識していることが考えられた。

支援時期による分類

　保健医療福祉システムに分類した文節を時期別にみていく。困難性の内容は時代背景の影響を受けると考えたからである。この15年間をⅢ期に分けて15年間分の報告書の内容を参考にしながら整理する。

　第Ⅰ期は，1992（平成4）年から1996（平成8）年の5年間である。この時期は，1993（平成5）年の障害者基本法により精神障害者が法律上でも他障害と同列で位置づけられ，1995（平成7）年には精神保健及び精神障害者福祉に関する法律（精神保健福祉法）[5]が成立するなど，精神障害者を取り巻く状況が激変した時期である。また，聴覚障害分野でも1995年の「ろう文化宣言」[6]に代表さ

表2-4　調査結果

保健医療福祉システム	文節	%
①利用者	478	34
②支援者	492	35
③支援者間	55	4
④組織	117	8
⑤専門性	124	9
⑥社会資源・制度	37	3
⑦地域社会	85	6
⑧専門家集団	11	1
合　　計	1399	100

図2-1　調査結果：支援における困難性

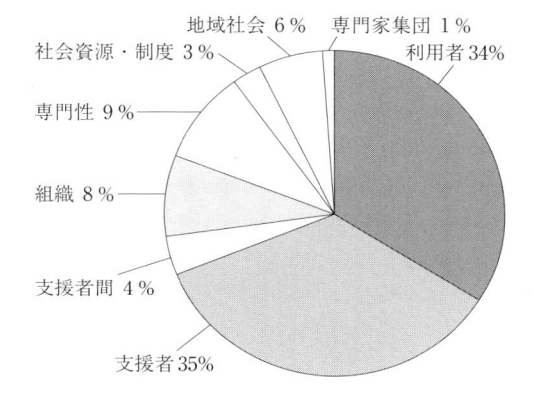

地域社会 6%　専門家集団 1%
社会資源・制度 3%　利用者 34%
専門性 9%
組織 8%
支援者間 4%
支援者 35%

れるように，障害の捉え方が転換した重要な時期となる。社会的にも大きな事件（地下鉄サリン事件等）や災害（阪神大震災）等も絡み激動期であったといえる。報告書の中でも阪神大震災では聴覚障害の人への災害時の情報提供の在り方が問題としてあがっていた。

　第Ⅱ期は1997（平成9）年から2001（平成13）年の5年間である。この時期は，ちょうどインターネットやメールが一般世帯に急速に普及してきた時期と重なる。特に携帯電話でのメールの普及により情報がよりスピーディーとなり，コミュニケーションのあり方自体も随分変化してきた。聴覚障害者にとっては情報収集，情報交換，コミュニケーション手段として特筆すべきことである。しかし，高齢者や精神障害・知的障害をあわせもつ人々にはあまり普及していないのが現状ではないだろうか。つまり情報社会にスムーズに適応できる人とできない人で情報格差が生じてきている現状がある。その結果，聴覚障害のある人の中でもそれらのツールが使える人と使えない人で区分され，反対に情報から遠ざかってしまう人たちも出てきている。また，この時期には介護保険が導入され，教育分野では統合教育が中心となり，ろう学校の統廃合の問題等が浮上してきた時期でもある。

　第Ⅲ期は，2002（平成14）年から2006（平成18）年の5年間である。社会経済状況の変化などによりメンタルヘルスの領域が広がっていった時期である。同時に，支援費制度や障害者自立支援法など法制度の変化に翻弄された時期でも

図2-2　時期別：支援における困難性

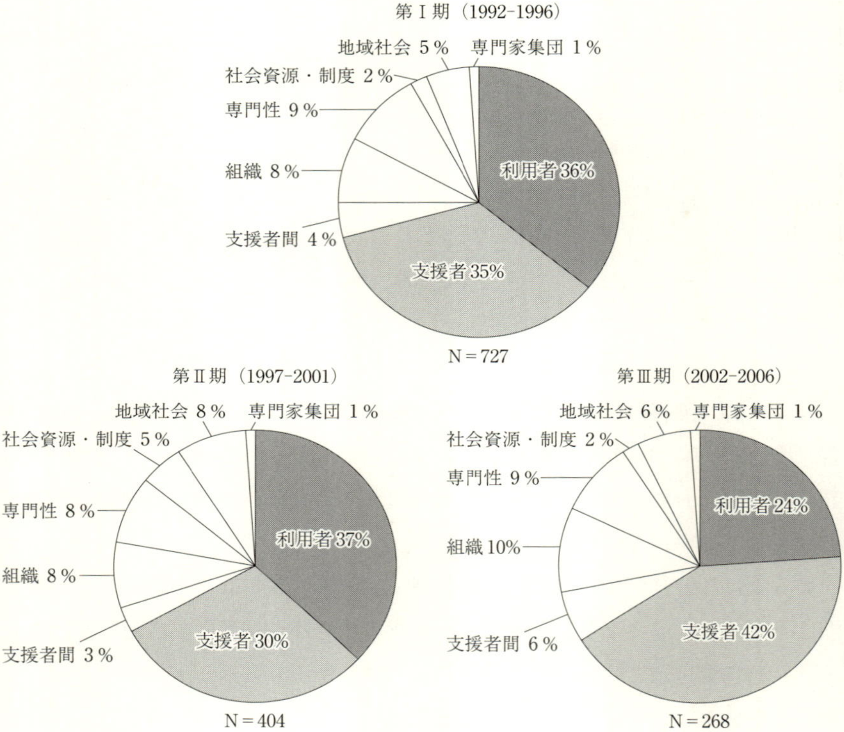

第Ⅰ期（1992-1996）
- 利用者 36％
- 支援者 35％
- 支援者間 4％
- 組織 8％
- 専門性 9％
- 社会資源・制度 2％
- 地域社会 5％
- 専門家集団 1％
- N=727

第Ⅱ期（1997-2001）
- 利用者 37％
- 支援者 30％
- 支援者間 3％
- 組織 8％
- 専門性 8％
- 社会資源・制度 5％
- 地域社会 8％
- 専門家集団 1％
- N=404

第Ⅲ期（2002-2006）
- 利用者 24％
- 支援者 42％
- 支援者間 6％
- 組織 10％
- 専門性 9％
- 社会資源・制度 2％
- 地域社会 6％
- 専門家集団 1％
- N=268

ある。これら時代背景も聴覚障害と精神障害をあわせもつ人の支援においては，重要な要因であると考えられる。

　これら三つの時期別分類を比較した結果，第Ⅰ期と第Ⅱ期では明らかな変化はみられなかった。しかし，第Ⅲ期については，「利用者」と「支援者」の割合が逆転し「支援者」の割合が高くなっていることがわかった（図2-2）。その要因として，2000年以降の障害者施策・制度等の変動による支援者の業務負担が大きな影響を与えていることが考えられた。

支援領域による分類

　次に，支援者が精神障害者支援領域か聴覚障害者支援領域かによる，困難性

第2章 支援における困難性の内容と構造

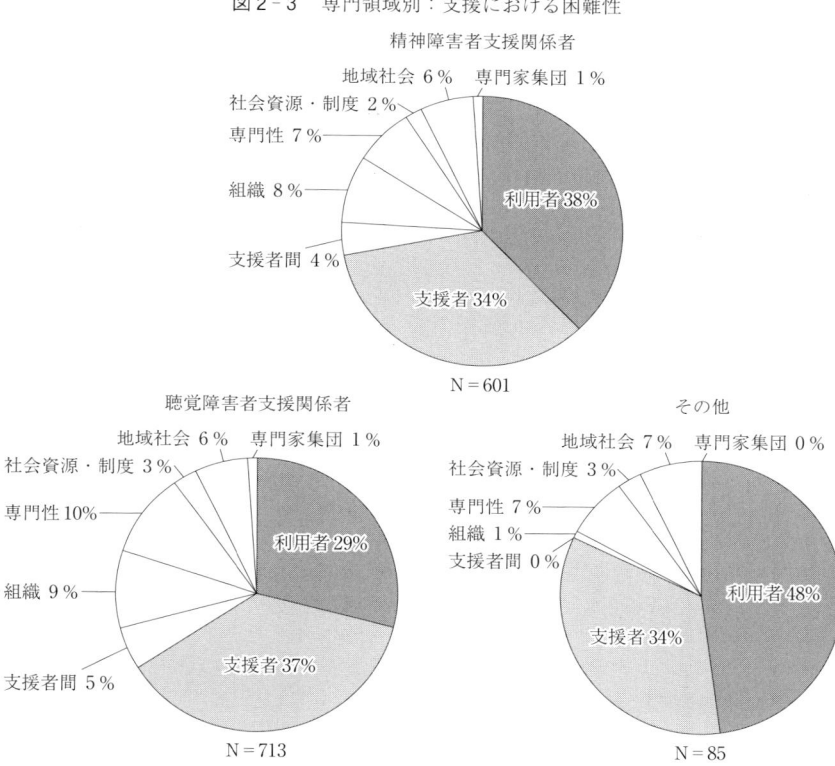

図2-3 専門領域別：支援における困難性

精神障害者支援関係者
- 利用者 38%
- 支援者 34%
- 支援者間 4%
- 組織 8%
- 専門性 7%
- 社会資源・制度 2%
- 地域社会 6%
- 専門家集団 1%

N＝601

聴覚障害者支援関係者
- 利用者 29%
- 支援者 37%
- 支援者間 5%
- 組織 9%
- 専門性 10%
- 社会資源・制度 3%
- 地域社会 6%
- 専門家集団 1%

N＝713

その他
- 利用者 48%
- 支援者 34%
- 支援者間 0%
- 組織 1%
- 専門性 7%
- 社会資源・制度 3%
- 地域社会 7%
- 専門家集団 0%

N＝85

の傾向を把握するために，支援領域別に分類をした。専門領域別の内訳は報告発表者の所属機関と職種を基に，「精神障害者支援関係者」と「聴覚障害者支援関係者」に分類し，どちらにも含まれないものを「その他」とした。

「精神障害者支援関係者」は，所属機関として精神科病院を主とする医療機関，精神障害者関連機関・団体，職種としてPSWを主とするソーシャルワーカー，精神科医，臨床心理士，看護師など専門職が中心であった。

「聴覚障害者支援関係者」は，所属機関として聴覚障害者施設，聴覚障害を対象とする公的機関，手話通訳派遣センターや聴覚障害者情報提供施設を含む聴覚障害者施設，職種として施設職員，ろうあ者相談員，手話通訳士が中心であった。

「その他」としては，教育機関，一般企業など，「精神障害者支援関係者」「聴覚障害者支援関係者」に含まれないものを分類した。

結果として，二つの専門領域別の比較では，精神障害の支援者がやや「利用者」に関する困難性の割合が高いこと以外は，大きな違いはみられなかった。しかし，「その他」の人たちは二つの専門領域関係者に比べ「支援者間」「専門家集団」「組織」に関する困難性の割合が低いことがわかった（図2-3）。

3　保健医療福祉システム別にみる困難性の内容

次に「支援における困難性」の内容について，カテゴリーを作成し提示する。困難性の内容を把握するため，抽出した文節（ローデータ）を縮約し，二次データを作成した（巻末資料1）。この二次データから更に類似するデータを集約し，23のカテゴリーを生成した（表2-5）。ここでは，二次データを提示し，保健医療福祉システムに沿って具体的な内容を踏まえながら，生成したカテゴリーについて説明する（二次データは「　」，カテゴリーは【　】で示す）。

利用者に関する困難性

利用者に関する困難性では，「理解されにくい障害」「見えにくい障害」「わかりにくい障害」という記載が特徴的に示されていた。このわかりにくさ，見えにくさという障害の特性は，聴覚障害と精神障害に共通するものである。よって，両方の障害をあわせもつことにより，その特性が強調されていると考えられる【カテゴリー1：障害のわかりにくさ，見えにくさ】。

障害のわかりにくさ，見えにくさは，障害自体を本人の問題として内在化してしまう危険性がある。利用者自身に焦点をあてた「わがまま」「頑固」「我慢が出来ない」「思いつきの言動」「意思がない」「やる気がない」などは，まさに本人のパーソナリティに困難性の原因を求めようとしてしまった結果と考えられる【カテゴリー2：障害の内在化】。

また，コミュニケーションに関する困難さも多くあげられていた。聴覚障害者のコミュニケーション手段として手話があるが，「手話の多種多様さ」「人に

表2-5 「支援における困難性」カテゴリー 一覧表

保健医療福祉システム	カテゴリー
①利用者	1　障害のわかりにくさ，見えにくさ 2　障害の内在化 3　コミュニケーション手段の多様さ 4　コミュニケーションの障害と精神症状の絡みの複雑さ 5　パターン化された家族内コミュニケーション 6　支援関係で生じる利用者のアンビバレンツな気持ち
②支援者	7　支援関係で生じる支援者のアンビバレンツな気持ち 8　支援者自身のコミュニケーションの模索 9　手話通訳者の立場や役割の不明確さ 10　ろうあ者相談員の立場や役割の不明確さ 11　一方の障害に偏った理解
③支援者間	12　支援者間のコミュニケーション不足によるズレ
④組　織	13　「たらい回し」による支援機関の一極集中 14　施設・機関の支援方針のなさ 15　支援者の個人的努力に依存した支援
⑤専門性	16　従来の援助技術適用の難しさ 17　専門的見立ての難しさ 18　他領域分野の専門知識不足
⑥社会資源・制度	19　制度利用の弊害と社会資源の少なさ
⑦地域社会	20　支援サービスの地域格差 21　コミュニティにおける情報，コミュニケーション不足 22　聞こえない人たち同士のコミュニティでの理解のなさ
⑧専門家集団	23　支援者の研修・教育の場の少なさ

　よる手話表現の違い」から「通訳を介しての手話が通じない」ことや，利用者自身が「手話通訳に不慣れ」「手話通訳拒否」などが困難性としてあげられていた。また，他のコミュニケーション手段に関しても「筆談不可」「筆記困難」「日本語が苦手」「助詞・助動詞の難しさ」「絵と身振りのみのコミュニケーション」などの困難さがあった。更に，音声言語による直接的なコミュニケーションに比べ，「リアルタイムのコミュニケーション困難」や「ニュアンス伝達困難」「会話のピントのずれ」が，支援における困難性となっていた【カテゴリー3：コミュニケーション手段の多様さ】。

　聴覚障害と精神障害をあわせもつ人の支援では，コミュニケーションの問題

に精神障害による症状が絡まり，困難さを倍増させていた。聴覚障害と精神障害をあわせもつ人の特徴として，コミュニケーション力の変動があげられる。「関係悪化時のコミュニケーション」「興奮による手話の喪失」「身体衰弱の中での手話」「日頃のコミュニケーションと症状悪化時との違い」「崩壊された手話」など，精神症状の変動性にともないコミュニケーションも困難になることがわかる。さらに，コミュニケーションの困難さによる「伝わらないストレス」「情報不足からくる妄想」「周囲の雑音を拾ってしまう補聴器」「補聴器と幻聴の関係」などがみられた。独語のように一人で手話を行う「独り手話」や，他者にとって解釈困難な「独特の手話」表現も困難性として示されていた。また，「つながりの断絶」による「自閉的な生活」「引きこもり」の状態で，「無表情」「無関心」「風景を見ているような視線」となると，コミュニケーションをとることさえ難しくなってしまっている状況が考えられた【カテゴリー4：コミュニケーションの障害と精神症状の絡みの複雑さ】。

　支援では家族とのかかわりも困難さのひとつにあげられていた。「家庭内コミュニケーション」，特に「親との関係性」として「母子密着」「依存関係」が「家族の抱え込み」を招いている場合がある。また，「高齢化による家族問題」や，家族構成の変化などによる「家族内キーパーソンの状況変化」により，「家族内フラストレーション」が高まり，結果として利用者を含め「家族の孤立」につながっていくこともある。「家庭内暴力」や「家族の障害認識不足」も支援を行う上での困難性となっていた。このように「日常生活における家族の葛藤」を含め，家族を取り巻く多様な状況や課題が困難性の一因ともなっていた【カテゴリー5：パターン化された家族内コミュニケーション】。

　利用者の気持ちに焦点をあてると，「伝わらない苦しさ」「誰もわかってくれないという気持ち」「怒りや寂しさ」「挫折感」「焦燥感」「自己否定感」「自己評価の低下」があげられていた。また「わかったふりの習慣化」から「何事にもわかったという」「わからないという勇気がない」ことも特徴的に示されていた。これらは，他者との「関係性構築の困難さ」となり支援における困難さにつながっていた。支援関係では，「援助への抵抗」「医療不信」「治療中断」などもあるが，「援助者との相性」によって「過度な期待」「思い入れ」「万能

的な期待」が強くなり「適度な距離の難しさ」から「依存関係」になっていた。このように，利用者の気持ちは支援関係に大きく影響を与え，支援状況，支援プロセスの中で「過剰な反応」として示され，支援における困難性につながっていたのである【カテゴリー6：支援関係で生じる利用者のアンビバレンツな気持ち】。

支援者に関する困難性

　支援者に関する困難性では，支援者の感情の揺れが多く見られた。それは，「陰性感情」「気持ちの揺れ」「振り回される」「悶もんとした気持ち」などに表れていた。支援展開において「行き違いによるストレス」や「行き詰まり」「個人の取り組みの限界」も感じていた。しかし，支援者は利用者に寄り添い，「手探り状態」での「試行錯誤」を繰り返していた。それでも，支援者の「感覚だより，想いだけの支援」では立ち行かなくなり，「自問自答」の中，時に熱意と裏返しの苛立ちや「無力感」や「あきらめ」の感情が起こっていた。コミュニケーションによる「かかわりのわからなさ」が慢性的になってくると，コミュニケーションがうまく取れないのは「障害だから仕方がないという気持ち」が支援者に生じる一方，「支援者の抱え込み」から「救世主願望」が生じてしまっている。このような支援者の感情の揺れやアンビバレンツな気持ちは，利用者の気持ちと呼応し，支援における困難性としてあげられていた【カテゴリー7：支援関係で生じる支援者のアンビバレンツな気持ち】。

　コミュニケーション手段の違いによる困難性も多くあげられていた。「言葉が通じない」「手話ができない」「手話習得の難しさ」「片言の手話による間違った判断」「筆談やパソコン筆記の不十分さ」「ノートテイクによる疲労感」「伝達確認の難しさ」などである。また，コミュニケーション困難として，「コミュニケーション不足」「タイミングがつかめない」「第三者を挟んでのコミュニケーション」「会話の難しさ」「勘に頼るコミュニケーション」など，支援においては支援者自身もコミュニケーションの限界や壁に直面していた。手話など本人に適したコミュニケーション手段を支援者が使えない場合に，この困難性は強くなっていた。また，本人に最も適したコミュニケーション方法の見立

ての難しさなどもあり，双方で行うコミュニケーションの模索に「多くの時間を費やすことによる負担」が生じていた。結果として，「支援者の負担感」「疲労感」につながっていたのである【カテゴリー8：支援者自身のコミュニケーションの模索】。

聴覚障害者のコミュニケーション保障を担う支援者として手話通訳者[7]がいる。手話通訳者に関する困難性として以下のようなことがあげられていた。「手話通訳者の立場」「手話通訳者の役割」「身分保証曖昧」「ボランティア通訳」「手話通訳業務のあいまいさ」「手話通訳利用のデメリット」「通訳者への依存」などである。また，「手話通訳のやり方への迷い」「手話変換困難」「伝えられない言葉」「専門用語の手話」「手話によるニュアンス伝達困難」など，手話通訳の内容も支援における困難性となっていた【カテゴリー9：手話通訳者の立場や役割の不明確さ】。

また，聴覚障害者の相談に関わる支援者としてろうあ者相談員[8]の存在がある。「ろうあ者相談員の役割」「ろうあ者相談員の業務範囲」「ろうあ者相談員の位置づけの不明確さ」が手話通訳者同様に支援の困難さとしてあげられていた。「ボランティア的お世話」「専門性のなさ」「素人判断」などは特徴的なことと考えられる。また，当事者の割合の高いろうあ者相談員ならではの「当事者スタッフの迷い」も困難さとして示されていた。それは「『ろう』と『支援者』の二つの立場」「専門家と聞こえないことの二つの立場」「相談か通訳か」などであった。また，「聞こえないことでのケースカンファレンス参加困難」などもあがっていた。これらろうあ者相談員に関しては，立場や役割の不明確さが支援における困難性として多くあげられていたのである【カテゴリー10：ろうあ者相談員の立場や役割の不明確さ】。

支援者に関する困難性として「理解不足」「力量不足」「勉強不足」などがあげられていた。これらは，聴覚障害と精神障害をあわせもつ人という二つの専門領域がまたがる支援ということで，文脈から見ていくと自ら専門とする領域外の分野に関しての「無知」「表層的な部分のみの理解」など一般的な理解についてという特徴があった。また，聴覚障害者領域の支援では「精神病に対する偏った見方」が困難性として示されていた。一方，精神科医療現場では「聞

こえないことへの無理解」が支援者自身の困難性としてあげられていた【カテゴリー11：一方の障害に偏った理解】。

支援者間に関する困難性

　支援者間に関する困難性では，支援者同士のコミュニケーションの問題が多くあげられていた。聴覚障害と精神障害をあわせもつ人への支援では，聴覚障害者支援領域と精神障害者支援領域の支援者がかかわる必要性が生じる。そこでは，「他障害の支援者とのかかわりのなさ」「二つの領域の交流不足」「情報交換のなさ」があり，「スタッフ間の理解のなさ」「支援者間の意見の違い」により，「他領域連携の難しさ」が生じていた。また同じ領域であっても「職種間の関係性」「スタンスのズレ」「専門家のプライドのぶつかり」「職種による発言の違い」が困難性を生み出していた。「面接・受診場面での連携の問題」としては，「通訳と医師との言葉の食い違い」「言葉のあやのズレ」「通訳と医師の考えの違い」「通訳と医師との連携困難」があげられていた。「カンファレンスでの問題」では，「スタッフ同士の議論が少ない」「意見の主張の仕方のわからなさ」「伝達不備」「交渉困難」「医療における守秘義務の問題」などがあげられていた。更にろうあ者相談員を中心とした「当事者スタッフを支えるネットワークのなさ」，地域における「キーステーションがない」「キーパーソン不在」が現れていた。多領域多職種による支援が求められる重複障害者支援においてネットワーク，チームワークは重要な要素となると考えられる。しかし，「ネットワーク作りの難しさ」「チームワーク作りの難しさ」「ネットワークの弱さ」「ネットワークの機能不全」などがあった。また「個性による連携の違い」「支援者を支えるネットワークの不備」も支援者間に関する困難性としてあげられていたのである【カテゴリー12：支援者間のコミュニケーション不足によるズレ】。

組織に関する困難性

　組織に関する困難性では，サービス提供機関の限界からくるサービス利用の弊害が，多くあげられていた。聴覚障害と精神障害をあわせもつことで，「前

例がないという理由」「経験がないという理由での受け入れ拒否」や「専門職がいない」という理由で「施設受け入れ困難」となってしまう現実がある。そして，行く手を阻まれ「たらい回し」により，選択肢が限られていた。結果として，一部の協力的な機関に受け入れ先が集中されてしまい「つながりの断絶」が生じていた。また，聴覚障害と精神障害をあわせもつ人の存在の社会的認知を狭めていることにもなり，必要とされる支援の検討も一部の人たちだけの問題となる状況を作りだしていたのである【カテゴリー13：「たらい回し」による支援機関の一極集中】。

「組織の方針のなさと制限」「対応の統一化の未確立」が支援における困難性となっている場合があった。聴覚障害と精神障害をあわせもつ人の支援で特徴的なものとして，手話「通訳派遣に関する問題」があった。「病院の情報保障に対する考え方」によっては，「派遣導入・同行拒否」もあげられていた。一方，「通訳者の精神科病院への派遣困難」「生活の場への通訳困難」「集団場面への派遣困難」「面倒な手話通訳派遣手続き」「派遣コーディネーターの不在」も困難さに含まれていた。また，「ろうの知識のない病院」「問題意識の弱い施設」「治らない障害者は医療の対象外という機関の認識」のなか，「扱いやすい聴覚障害者の長期入院」として「長期入院により支援体制が希薄化」となり，「置き去りにされている身障者」「施設の抱え込み」「施設依存」の問題が浮き彫りになっていた。また，「環境整備の問題」「隔離環境」「部屋のスペース」など「精神科病院の設備の問題」も支援における困難性の要因としてあげられていた。その組織自体も制度上の「通過施設という規定」や，「病院経営上の問題」「医療経済的な難しさ」「職員体制の問題」などの現状もある。さらに，聴覚障害「専門病棟の是非」もあり，「専門外来の負担の大きさ」などもあげられていた【カテゴリー14：施設・機関の支援方針のなさ】。

障害者施設等では，「手話を使える人材不足」から支援者が手話通訳との「兼務業務」をしている場合があった。この「二つの立場」は「組織と専門職の関係」としての困難性としても現れていた。また，「雇用関係による業務範囲の縛り」「組織に規定された業務」による「アフターケアの難しさ」「アウトリーチ困難」などもあげられていた。そこには「機関の理解不足」「上司の無

理解」も含まれ，結局「個人の努力に依存」する支援になってしまっていた。その結果，「職員の人事異動」「退職」など「担当者交代の弊害」が生じていたのである。また，「入れ替わりが激しいスタッフ」の要因として，「スタッフへの支援体制の不備」「リスクマネジメント体制のなさ」「スーパーバイザー不在」などが，組織に関する困難性としてあげられていたのである【カテゴリー15：支援者の個人的努力に依存した支援】。

専門性に関する困難性

　専門性に関する困難性では，従来の支援方法では難しい状況が浮き彫りになっていた。具体的には「重複障害についての支援方法が未確立」の状況で，「カウンセリングの難しさ」「グループワークの難しさ」「言語グループへの参加困難」「適切な療法ができない」などがあがっていた。また，聴覚障害と精神障害をあわせもつ人への支援では，コミュニケーション保障制度(9)の利用を考えることもある。しかし，手話通訳者など第三者が入ることによる「プライバシー保護の問題」から，「カウンセリングにおける手話変換の問題」や「手話でどこまでカウンセリングできるのか」という専門的な問いもあった。更に，「ニーズ把握の難しさ」「情報収集の難しさ」「主訴把握困難」「プランニングの難しさ」「目標設定の難しさ」「支援関係構築・維持の難しさ」があげられていた。その根底にはコミュニケーションの問題があった。それは，「伝え方の技術不足」「分かりやすい伝え方の模索」「専門用語の使い方」「抽象概念の伝え方」「筆談のメリットデメリット」「普段と診察場面のコミュニケーションの違い」「情緒的コミュニケーションの取り方」など，「手話を使えばいいという問題ではない」コミュニケーション技術を含んだものであった【カテゴリー16：従来の援助技術適用の難しさ】。

　専門性に関する困難さとして多くあげられていたのが，「アセスメントの難しさ」であった。「病気か性格か」「医療の対象か」「心因反応かコンプレックスか」「ろう者特有の反応か」「情報保障の少なさか」「体調不良と精神症状」「心理テストの信頼性」「陰性症状と怠け」「行動特性と精神症状」「診断の難しさ」「聞こえない人の幻聴への疑問」「病状判断の不明確さ」「診断への迷い」

「独り手話は病的か」「聴覚障害による二次的影響か」「認知症の判断困難」などの迷いがみられた。そして「誤診の可能性」の危惧も示されていた。また、聴覚障害と精神障害をあわせもつことにより「どちらの障害からくるものなのか」わからず、「前面にある障害への囚われ」「聴覚障害による精神症状の見落とし」や「聴覚障害の側面のみの対応」となってしまうことも、困難性としてあげられていた。一方、「相談員の専門性のなさ」「専門知識不足」による「精神症状への対応困難」「行動特性の理解不足」もあがっていた。その背景には「重複障害の特性理解の難しさ」に加え「問題の複雑化」があった【カテゴリー17：専門的見立ての難しさ】。

支援の現場では精神障害の「行動特性や精神症状への専門的知識不足」から「重複障害者への精神的ケアの難しさ」が顕著になっていた。二つの専門分野にまたがる聴覚障害と精神障害をあわせもつ人への支援の場合、「自分の専門分野に特化した専門性」など「分野別の専門性の偏り」による対応では限界がみられた。「他の分野はわからない」では支援は展開できず、専門分化すればするほどに専門知識を他分野まで広げなければ、支援の困難性が大きくなるといえる。そこでは、「ネットワーキングの技術不足」「ケース会議のマネジメント不足」なども専門性の問題としてあげられていた【カテゴリー18：他領域分野の専門知識不足】。

社会資源・制度に関する困難性

社会資源・制度に関する困難性では、聴覚障害と精神障害をあわせもつ人の支援に活用できる制度・施策の未整備が顕在化していた。二つの障害をあわせもつ「重複障害者への法律・制度の縛り」は大きく、「重複障害者の制度活用の難しさ」があげられていた。特に障害者自立支援法施行以前は「縦割り行政の弊害」による困難性が顕著であった。

その結果、重複障害をもつ人たちを受け入れる「社会資源の少なさからくる限定された機関への依存」がみられた。また、介護保険における要介護認定や障害者総合支援法における障害程度区分認定など、聴覚障害や精神障害などは軽く認定される傾向があり「偏った障害・介護認定のあり方」も、支援の量に

直結するため困難性と結びついていたのである。ただ，制度を利用すれば生活上の困難さがすべて解消できるわけではない。「コミュニケーション保障制度の限界」をはじめ，制度の限界からくる困難性も認識しておくことが必要である【カテゴリー19：制度利用の弊害と社会資源の少なさ】。

地域社会に関する困難性

　地域社会に関する困難性では，「地域性の問題」が主に取り上げられていた。重複障害に理解のある機関が偏在している現状があり，特に「地方での専門機関の少なさ」「関係機関の少なさ」による「地域性の寸断」が困難性としてあげられていた。よって，「不便な地域」では，専門機関と身近な地域が「遠方」となることで，連携において弊害になることもみられた。これら距離的な要素が「地方におけるネットワーク作りの難しさ」として現れていた。また，「通訳システムの違い」など，手話通訳者や要約筆記者など，コミュニケーション保障を担う人材も都市部と地方とでは量・質ともに格差があり，支援の困難性に直結していた【カテゴリー20：支援サービスの地域格差】。

　聴覚障害も精神障害も「わかりにくいがゆえの社会の誤解や偏見」に遭遇していた。「ツンボ・オシという言葉」「補聴器をつけていれば聞こえる」という誤解，「聞こえない人という一括りの考え方」「中途失聴者への無理解」「フォローのなさ」などがあった。地域社会に関する支援における困難性は，「世間体」があり「地域コンフリクト」「周囲への理解促進への悩み」があった。「地域コミュニティにおける問題」としては，「近隣の噂」「噂から誤解へ」「近所付き合いのなさ」「地域での情報不足」「子どもへのいじめ」などがあげられていた。また，「近所での役割の免除」「自治会への通訳者同行の拒否」なども含め，「相談できる場やコミュニケーションできる場がない」ということも困難性を生み出す要因であった。手話言語に関する難しさとしては，「言語文化の違い」「価値観の反映された言葉」「真意の把握の難しさ」「曖昧な言葉の言語変換」「日本語の複雑さ」「否定的なニュアンスの言葉」「複雑な言葉の意味」「歴史への理解不足」などがあった。文化に関する問題としては，「健聴者と聴覚障害者の世界の違い」「難聴者の中途半端な文化」「文化間のギャップ」があ

がっていた。社会動向の影響から近年では，急激に変化する情報社会への不適応なども生じてきている。社会状況の影響では「情報社会についていけない」「コンピューター社会への不適応」など，情報格差や情報弱者という新たな現象を引き起こしていたのである。これら社会動向も支援における困難性に影響を与えていた【カテゴリー21：コミュニティにおける情報，コミュニケーション不足】。

　支援者が聞こえる人である場合，「健聴者と聴覚障害者の世界の違い」が支援における困難性に大きな影響を与えていた。特にろう者といわれる人たちが形成する日本手話を言語とする「ろう文化」への理解は必須であった。そして，同じ言語文化をもつ人たちの凝集性は高く「ろうコミュニティに関する問題」もあげられていた。「ろうあ者同士の難しさ」として「噂や情報の広がりの早さ」があり，時に「間違った情報の広がり」も起こっていた。これは，精神疾患をもつ人にとっては「プライバシーの問題」とも重なり，ろうコミュニティの「親密さ，狭さゆえの弊害」として考えられることでもあった。教育に関する問題としては，「インテグレーション教育の弊害」として，手話も音声言語も中途半端となってしまい，コミュニケーションの困難さに加え，「障害受容に与える影響」もあげられていた。また，「ろう教育」「ろう学校の問題」，「発語指導やLD学級のなさ」「不登校問題」なども，困難性としてあげられていた【カテゴリー22：聞こえない人たち同士のコミュニティでの理解のなさ】。

専門家集団に関する困難性

　専門家集団に関する困難性では，支援者の「研修の場がない」ことについて多くあげられていた。聴覚障害と精神障害をあわせもつ人たちの支援は「データがないため一般化して説明しづらい」部分も多く，「まとめることの難しさ」もあり，伝えづらい実践となっていた。更に「ろうコミュニティの狭さの問題とも関連」し「プライバシーの問題」などもあり，「実践の伝承の難しさ」が生じていた。かといって「一般的な研修に行っても聴覚障害の問題への共通認識がもてない」研修の場となってしまう現状があった。また，「専門教育を受けていないろうあ者相談員」や「専門的トレーニングを受けたくても実施して

いない」問題，「当事者スタッフの活動の場がない」ことなど，様々な支援者への教育，研修，また活動の場がないことも，支援の困難さとなっていた【カテゴリー23：支援者の研修・教育の場の少なさ】。

4　支援における困難性の構造

　保健医療福祉システム別にみる困難性の内容を示した23のカテゴリーは，相互に関連性があると考えられる。よって，ここでは困難性の内容を改めて整理し相互関連性を踏まえ，支援における困難性の要因を明確にしていく（以降，困難性の要因は《　》で示す）。その上で困難性の構造について考察していく。

　利用者に関する困難さとしての【障害のわかりにくさ，見えにくさ】【障害の内在化】【コミュニケーション手段の多様さ】【コミュニケーションの障害と精神症状の絡みの複雑さ】は，聴覚障害と精神障害をあわせもつことによって生じた現象を支援者がどのように理解してよいのかわからないことから生じていると考えられる。それは，聴覚障害と精神障害をあわせもつことによる《障害理解の困難さ》といえる。

　支援者に関する困難性としては，【支援者自身のコミュニケーションの模索】が特徴的に示されていた。それは，利用者の【コミュニケーション手段の多様さ】との相互作用により生じてきているものと考えられる。つまり，コミュニケーションは二者間で成立するものであるからこそ，その困難性は双方に生じていることが示された結果となっていたのである。また，聴覚障害者にかかわる手話通訳者やろうあ者相談員など，支援者の立場や役割の不明確さも浮き彫りとなった。これらは組織との関連も大きいと考えられる。このように，支援者自身が迷いながらも目の前にいる利用者に対峙している《試行錯誤する支援行為》が困難性としてみられた。

　聴覚障害と精神障害をあわせもつ人の支援として支援者，専門性と双方に関連していたのが《経験知による行き詰まり》であった。専門分化された支援領域では，【一方の障害に偏った理解】がみられ，【従来の援助技術適用の難しさ】【専門的見立ての難しさ】【他領域分野の専門知識不足】があげられていた。

また，支援者と利用者，支援者同士など，人との関係性における困難性もみえてきた。利用者に関することでは，家族関係として【パターン化された家族内コミュニケーション】，支援者との関係として【支援関係で生じる利用者のアンビバレンツな気持ち】があげられる。支援関係では同様に支援者側からも【支援関係で生じる支援者のアンビバレンツな気持ち】があがっていた。支援者間の困難性として，【支援者間のコミュニケーション不足によるズレ】があった。これらは，システム縦断的に《複雑化する関係性》としてまとめられる。ここまでが，直接的な支援における困難性の要因と考えられるものである。

　一方，組織に関する困難性，社会資源・制度に関する困難性，地域社会に関する困難性，専門家集団に関する困難性は，支援の影響要因として考えられるものである。組織に関する困難性としては，【「たらい回し」による支援機関の一極集中】【施設・機関の支援方針のなさ】【支援者の個人的努力に依存した支援】があげられていた。これらは《サービス提供機関の限界》としてまとめることができる。社会資源・制度に関する困難性は，【制度利用の弊害と社会資源の少なさ】として，《制度・施策の未整備》があげられていた。地域社会に関する困難性は，【支援サービスの地域格差】【コミュニティにおける情報，コミュニケーション不足】【聞こえない人たち同士のコミュニティでの理解のなさ】として，総合すると《地域コミュニティでの誤解や偏見》といえる。そして，専門家集団に関する困難性は，支援者の《研修・教育の場の少なさ》として示されていた。

　聴覚障害と精神障害をあわせもつ人の支援における困難性は，利用者の《障害理解の困難さ》，支援者の《試行錯誤する支援行為》《経験知による行き詰まり》，利用者と支援者との関係を中心に，利用者のこれまでの生活における人との関係や，支援者同士の関係，支援機関同士の関係による《複雑化する関係性》が相互に関連していることが読み取れる。更に聴覚障害と精神障害をあわせもつ人への支援を取り巻く社会状況として，《地域コミュニティでの誤解や偏見》《サービス提供機関の限界》《制度・施策の未整備》《研修・教育の場の少なさ》からも影響を受けていることがわかった。

　このように，支援における困難性は，聴覚障害と精神障害という複数層の障

害，利用者と支援者間のコミュニケーション，多領域の支援関係者の連携，組織の方針，制度・政策の限界など，それぞれのシステムが関連し合い，ミクロレベルからマクロレベルの困難現象に発展する構造がみえてきた。そして，困難性の内容について整理しカテゴリー化する中で徐々に浮き彫りになってきたことがある。それは，コミュニケーション不足，知識・技術不足，社会資源不足など「欠如」が困難性の中核になっていたことである。

本調査は「保健医療福祉システム」を分析枠組みとしたため，その結果は一見システムとしての構造にみえる。しかし，「欠如」が困難性の中核にあるとすると，考え方としては原因を求める因果関係論であったといえる。支援を因果関係論で捉えることは，結果として支援困難な人と可能な人という，二分法で捉えてしまうことになりかねない。ここに支援の困難性を生み出す要因がみえてきたのである。

ただ，支援者がコミュニケーション不足などの欠如を困難性と認識するに至るには，支援における工夫や努力もあったはずである。しかし，本調査からはそこまで読み取ることはできなかった。それは，明示された文章からしか判断することが出来ない文献調査の限界でもある。

支援困難事例への対応に魔法や特効薬はなく，支援者に求められているのは利用者と向き合っていく実践力である（岩間 2008）。つまり，支援における困難性を全体的に構図として捉えた上で，困難性を認識しながらもかかわり続ける支援者の実践力が問われているといえる。本章では困難性の構造は提示することはできたが，支援者が困難さを認識するに至るまでの支援の具体的な実体を把握するまでは至らなかった。よって，困難性の背景にある支援者のコミュニケーション上の工夫や努力などを含めた支援行為から，本調査領域における具体的で特徴的な支援実体を把握するためにも，次章では継続的に聴覚障害と精神障害をあわせもつ人とかかわりを持った経験のある PSW から支援の実践についてのインタビュー調査を行うことにする。

注

(1) 岡田（2010）による，住民を対象に生活相談を行っている相談支援機関・事業所への支援困

難事例に関するアンケート調査（量的調査）では，対象者を支援困難と感じた状態や理由として，第1位「育児・子育てに問題がある」，第2位「精神不安定，情緒不安定」，第3位「精神科で診断を受けた病気がある」という結果が示されている。

(2) 本調査で分析枠組みとする「保健医療福祉システム」は支援者の取り組みを理解するためのスーパービジョンのアセスメントツールとしても活用されている（福山 2005）。

(3) 「聴障者精神保健研究集会」参加者へのアンケートとしてのメンバーチェックの概要は以下のとおりである。2009（平成21）年8月1日，東京で開催された第18回聴障者精神保健研究集会にて，筆者は『実践現場で支援者が抱える「困難さ」の検討—文献調査による報告書分析から—』というテーマでの口頭発表を行った。発表内容は「聴障者精神保健研究集会報告書」15年間分の文献調査より導き出した「支援における困難性」の23カテゴリーを一つひとつ説明したものである。研究上，本発表をカテゴリー検討のメンバーチェックと位置づけ，事前に各カテゴリー項目が書かれたアンケート用紙を会場の参加者に配布し，発表を聞きながら記入してもらう形態をとった。事前申し込み80名（予稿集参加者名簿参照）に当日参加者を加え100名弱の参加者のうち，60名からアンケートを回収した。結果として，23カテゴリーの合計として約8割が「感じる」（カテゴリーごとにみても50％以下はなし）という結果であった。ただし，カテゴリー間で結果のばらつきがあり，カテゴリーの組み直し等の再検討が必要と考えられた。さらに，今回は発表内容を聞きながら記入してもらったため，内容について理解を得られたが，カテゴリー名を見ただけでは分かりにくい項目が多く，自由回答欄にその指摘があった。よって，アンケートのコメントを参考にしながら，再度わかりやすいカテゴリーの命名を行う必要があると考えられた。

(4) 精神保健福祉士によるピアチェックは，精神保健福祉領域の現場で実践を行っているソーシャルワーカー二名（経験年数10年以上，精神保健福祉士・社会福祉士の資格取得，聴覚障害と精神障害をあわせもつ人の支援経験あり）に依頼し，2009（平成21）年8月12日及び2009年8月15日に，それぞれ一人ずつ実施した。23カテゴリーを説明しながら配布し，内容の検討と類似するカテゴリーについて KJ 法を参考に分類してもらった。結果，類似及び対比するカテゴリーについて，意見をもらった。あらかじめ調査者が設定していた類似カテゴリーと概ね一致した。また，カテゴリー名について説明を聞かないとわかりにくいものもあるという意見があり，カテゴリー名の修正も必要と考えられ，微修正を行った。

(5) 「精神保健及び精神障害者福祉に関する法律」は，1995（平成7）年7月にこれまでの「精神保健法」が改正され施行された法律である。この法律で「精神障害者保健福祉手帳」が創設されるなど，医療や保健のみならず精神障害者の福祉が具体的に位置付けられていった。

(6) ろう文化宣言（木村・市田 1995）とは，「ろう者＝耳が聞こえない障害者」という従来の視点から，「ろう者とは日本手話という，日本語とは異なる言語を話す，言語的少数者である」（木村・市田 1995: 354）と当事者側から定義しなおしたものである。このろう文化宣言は，まさに障害というものを文化として捉えなおし，独自性を象徴するものである。アメリカでは Deaf として文化的要素を習得したろう者を大文字の D を用いることで，聴力的に耳が聞こえない状態を示す小文字の deaf と区別し，ろうであることを誇るという独自の言語と文化的アイ

デンティティを明確にし，社会の中に自分たちの居場所を求めてきた歴史がある（Wilcox 1989 = 2001）。

(7) 手話通訳者はろうあ運動とともに普及してきた歴史がある。1960年代，「全日本ろうあ連盟」を中心とした当事者団体によるろうあ運動が活発化し，聴覚障害者としての権利意識が高まり，全国各地で手話サークルが作られ手話通訳ボランティア活動が広がっていった。その後，行政に対する情報保障，コミュニケーション施策への提言も行い，1970年代に入ると「手話奉仕員養成事業（1970（昭和45）年）」「手話通訳設置事業（1973（昭和48）年）」「手話奉仕員派遣事業（1976（昭和51）年）」がコミュニケーション支援施策として相次いで開始されるなど，情報保障・コミュニケーション施策を軸に聴覚障害者福祉は進展していった。1989（平成元）年には厚生労働大臣公認の「手話通訳士」という資格が誕生している。

このような歴史的背景もあり，他の言語通訳者とは異なり，単に言葉の置き換えのみではなく，聴覚障害者支援の意味合いも含まれている。このことは，クライニンら（1997: 218）が「支援のもっとも重要な要素は通訳者」と述べていることからも明らかである。また，手話通訳者の業務内容には人と人とのつながりやコミュニケーションが円滑に行われるための保障，聴覚障害者に関する情報提供を行うことも含まれており（伊東・小出 2001），厚生労働省の「手話通訳者養成カリキュラム」にも，手話通訳制度や理念などにならんでソーシャルワーク論が講義の一つとして位置づけられている（林 2005）。

(8) ろうあ者相談員はろうあ運動によって設置されてきた経過があり，専門性よりも相談員の熱意や情熱によって続けられてきた（木下 2008）という歴史的な背景がある。また，ろうあ者相談員の約半数は聴覚障害のある当事者である（木下 2008）ため，ピアカウンセラー的役割も果たす。その活動内容は生活問題から教育，医療などの専門分野まで多岐に及んでいる。相談内容によっては「人々を支援するためのケースワーク技術の習得も緊要である」（社会福祉法人日本身体障害者団体連合会 2002: 142）と相談員からの声もあがっており，専門的な相談援助技術が必要になってきている。また，手話通訳者が事実上相談業務も兼ねていることが多く，その立場や役割が曖昧になってしまっている現状がある。

(9) 現在，聴覚障害者のコミュニケーション保障制度として，障害者総合支援法における意思疎通支援がある。意思疎通支援は地域生活支援事業に位置づけられており，市町村事業として「手話通訳者設置事業」「手話通訳者派遣事業」「要約筆記者派遣事業」等があり，都道府県事業として「市町村相互間の連絡調整」「専門性の高い意思疎通支援を行うものの派遣」が必須となっている。

(10) ここではデータのまま「インテグレーション教育」としたが，現在，特別支援教育の分野では「インクルーシブ教育」という用語が一般的に使用されている。インクルーシブ教育とは，個々の教育ニーズの多様性を包含する範囲を拡大するプロセスとして，あらゆる教育の機会に関わる概念として使われている（真城 2011: 4）。

第3章
PSWによるソーシャルワーク実践

　精神保健福祉領域のソーシャルワーカーであるPSWは、困難性を抱きつつも、聴覚障害と精神障害をあわせもつ人に対してかかわり続けている。その実態は少数事例ながら実践報告などから見てとれる[1]。しかし、これらの既存の実践報告では特殊な困難事例としての理解はできるものの、実践で支援に応用できるだけの一般化されたモデルの提示には至っていない。また、支援関係のプロセスについても、一事例における個別性を重視した取り上げ方になっているため、共通する独自のプロセス性は見えにくいという限界があった。

　そこで本章では、継続的なかかわり経験のあるPSWが、多様な困難性を抱えつつ、どのような工夫をしながら支援を展開しているのか。そこには特有の支援行為プロセスがあるのか。更にかかわるなかでどのように対象者理解が変化していったのかを探り、聴覚障害と精神障害をあわせもつ人の支援におけるプロセスの内容を明らかにすることを目的とする。

1　PSWへのインタビュー調査

調査協力者

　本調査の協力者は、支援者の中のPSWとし、以下の三つの条件を満たしている者である。①聴覚障害と精神障害をあわせもつ人と継続的なかかわりを持った経験があること、②精神保健福祉領域の実践現場での経験があること、③精神保健福祉士の資格を持っていること、である。これらの条件を踏まえた上で、①学会・研究会等で本研究領域の実践報告がある、②調査協力者や他の現場実践者からの紹介、③調査者が現場実践で面識がある人に調査依頼の呼びかけを行い、調査概要説明を行い趣旨に同意していただけた方を調査協力者とし

表3-1　調査協力者リスト

		性別	年齢	精神保健福祉領域の実践現場	経験年数(年)	精神保健福祉士以外の資格
1	A	女性	40代	精神科病院・精神科診療所	20	
2	B	男性	40代	精神科病院	17	社会福祉士・手話通訳士
3	C	男性	30代	作業所	10	社会福祉士・ヘルパー2級
4	D	男性	20代	グループホーム	2	
5	E	女性	40代	作業所	16	保育士
6	F	女性	30代	グループホーム・精神科病院	13	
7	G	女性	30代	グループホーム・精神科病院・精神科診療所	14	社会福祉士・ヘルパー2級
8	H	男性	50代	精神科病院	23	介護支援専門員
9	I	女性	40代	地域生活支援センター（現・地域活動支援センター）	20	社会福祉士
10	J	女性	20代	精神科病院	5	
11	K	女性	60代	保健所・精神科診療所・精神科病院	17	保健師・看護師
12	L	女性	30代	グループホーム	8	社会福祉士
13	M	女性	30代	精神科病院	10	社会福祉士
14	N	男性	40代	精神科病院・精神科診療所	11	
15	P	女性	30代	精神科病院	12	

た。本調査においては，調査協力者候補の実践について事前に把握し，その上で調査依頼を出している。これは質的研究法におけるデータ提供者の選定方法である意図的なサンプリング方法である。

　最終的な調査協力者数は15名であり，平均経験年数は13.2年，最短は2年，最長は23年である。聴覚障害と精神障害をあわせもつ人への支援経験人数は，最多で30名，最少で1名（平均6.8名）とばらつきが見られた。支援の場としては，精神科医療機関，精神障害者を主な対象とする地域生活支援，就労支援，居住支援施設・機関など精神障害者の支援領域全般を網羅した（表3-1）。

データ収集方法

　半構造化面接によるインタビュー調査によりデータ収集を行った。その際，微細にわたるかかわりのプロセスを言語化してもらうため，時に調査者による意図的な質問を交えながらインタビューを行った。

　インタビュー導入部では，「今まで何人の聴覚障害と精神障害をあわせもつ

人とかかわった経験がありますか？」「はじめて聴覚障害と精神障害をあわせもつ人と出会ったのはいつ頃ですか？」などの質問を用意したが，その後は支援経験について原則として自由に語ってもらった．途中，文脈を遮らないように，インタビューガイドを参照し，以下の三点を意識しながら調査者から問いかけも行った．その三点とは，①支援において困難と感じたこと，②支援プロセスにおけるターニングポイント（支援者自身の変化のきっかけ），③PSWとしての気づきである．結果，PSW自身の今までの現場経験を遡りながらの語りや，その中で印象に残った聴覚障害者との支援事例について，出会いから終結までの流れを含む語りが得られた．

　インタビューの場は調査者が勤務していた医療機関の相談室・診察室，または調査協力者の指定する場所でプライバシーの守られた空間を確保した．調査時間は概ね1時間を設定した．インタビュー内容は対象者の同意を得て，すべてICレコーダーに録音した．15名の合計録音時間は1036分（17時間16分），一人平均69分（1時間9分）であった．録音されたデータはその都度，逐語形式で文字化した．逐語記録は合計260枚（A4），一人平均17枚（A4）であった．

調査期間と倫理的配慮

　調査実施期間は2009（平成21）年8月から2009年12月までの5ヶ月間である．収集したデータの逐語録転記や，読み込みは同時並行で行い，順次インタビューを継続した．10名以降はデータの飽和化を意識しながらインタビューを実施した．

　倫理的配慮として，データ保管管理方法，調査研究の公表，個人情報の取り扱いについて，文書および口頭で説明し，同意を得た．なお，本調査は当時筆者が所属していた大学院にある「ルーテル学院大学研究倫理委員会」の倫理審査を受け承認されたものである（申請番号：07-27）．

2 修正版グラウンデッド・セオリー・アプローチによる分析

分析方法の選択

　分析方法は「修正版グラウンデッド・セオリー・アプローチ(以下，M-GTA)」を採用した。M-GTAとは1960年代にアメリカで提唱されたグラウンデッド・セオリー・アプローチを原点とするデータに密着した理論生成を目的とする質的研究法である。[(2)]

　グラウンデッド・セオリー・アプローチの特徴は，極めて特定の領域の中範囲理論の生成にあり，限定された範囲内において一般化し得る知識の生成を目的とする。また，人間の行動，他者との相互作用の変化を説明できる動態的説明理論であることから，ヒューマンサービス領域の実践データが適しているといわれている。更に，M-GTAではデータを切片化せず，実践のリアリティのある質的データから継続的比較分析により概念を生成し，概念から導き出された理論を実践によって応用することにより，理論は成立することが強調されている。その意味で，実践に基づく研究，研究を応用した実践という流れがあり，実践者と研究者の双方向的な相互関係が重要視されている。分析においては「分析テーマ」「分析焦点者」を通して方法論的限定を行い，「研究する人間」を軸にそれぞれ調査協力者，分析焦点者，実践応用者を介して限定的一般化が行われる（木下 2003; 2005; 2007）。

　M-GTAが本調査の分析に適していると考えた理由は以下の三点である。①聴覚障害と精神障害をあわせもつ人への支援経験のあるPSWという極めて限定された範囲を調査対象とすること，②ソーシャルワーク実践自体が人と環境との交互作用やプロセス性を重視していることに加え，本研究が対象としている人への支援においては，人と人との相互作用としてのコミュニケーションがポイントとなること，③社会的認知度の低い聴覚障害と精神障害をあわせもつ人への支援実態を顕在化させるためには，ローデータを活用したリアリティのある分析が必要と考えたことである。更に，「研究する人間」として調査者自身が実践現場を持ち，本研究領域において実践的に応用できる具体性と一般性

のバランスの取れた理論を構築していく必要性を日々痛感していたことも，M-GTA を採用した大きな理由のひとつである。

分析テーマと分析焦点者の設定

M-GTA はデータに密着した分析が大原則のため，データによって分析テーマを調整していくことが必要となる（木下 2003）。よって，分析テーマは数名のデータ収集と同時並行で調整しながら設定していった。最終的に本調査研究の分析テーマは「PSW による聴覚障害と精神障害をあわせもつ人への支援行為における対象者理解のプロセス」とした。なお，ここでは支援「行為」を PSW が支援という目的のために考えを巡らし動作に至る過程と定義し，これには思慮内容も含まれる。分析焦点者は「精神保健福祉領域の現場で聴覚障害のある人とかかわり経験をもつ PSW」とした。

分析手順

分析では調査領域の実践におけるこれまでの実績に加え，最も豊富で多くの語りを得られた調査協力者 A 氏の逐語録を何度も読み返した（A4：51枚）。そして，分析テーマに沿ってエピソードを抽出し，分析ワークシートを作成した。分析ワークシートとは，ローデータから注目した部分を抽出した「ヴァリエーション（具体例）」，解釈の思考プロセスを示す「理論的メモ」，生成された「概念名」，その「定義」から構成される表である（木下 2003）。この表を活用しながら，ひとつずつ概念を生成していった。M-GTA でいう概念とは現象を表現するものである（木下 2003）。

その後，随時協力者のデータを増やし，同様の方法で継続比較法を用いながら分析ワークシートから概念生成を行った。データの精読作業，概念生成の過程では，支援者の経験が別の側面からはどう意味づけられるのかを常に意識し，その都度繰り返し逐語録に戻り，文脈をたどり吟味しながら検討していった。カテゴリー生成については，概念生成と同時進行で行った。具体的には，生成した概念ごとに，全体のプロセスにおける位置づけや，前後の概念のつながりを検討し，概念間の相互関連性及び影響性を考えながら，単なる分類にならな

いよう留意(横山 2010)した。また,結果図の作成も一人目の分析データから行い,その後,順次データから概念生成の度に図に加え,相互関連を見ながら位置を変更していった。なお,15人目の協力者からは類似する概念は多くみられたものの,差異のある新たな概念は生まれなかったため,理論的飽和化と捉えインタビューを終了した。

研究の質の担保として,社会福祉学博士である M-GTA に詳しい質的研究者からの個人スーパービジョン,およびグループスーパービジョンを受けながら行った。また,メンバーチェックとして調査協力者である PSW 数名に意見をもらった。更に,M-GTA 研究会(実践的グラウンデッド・セオリー研究会)[4]で分析経過について発表を行い,助言をもらった。

3 支援行為における対象者理解のプロセス

M-GTA の分析の結果,4コアカテゴリー,10カテゴリー,27概念を生成した(表3-2)。これら概念とカテゴリーの関係から,全体のストーリーライン及び結果図(図3-1)を調査結果として提示する。また,本節以降で,生成したカテゴリーや概念について,コアカテゴリーごとに説明していく(以下,コアカテゴリーを《 》,カテゴリーを【 】,概念を[ ]で示す)。

ストーリーラインと結果図

PSW による聴覚障害と精神障害をあわせもつ人への支援行為における対象者理解のプロセスとは,《感覚コミュニケーションの探究》を《行動密着支援》の中で行いながら,支援における《特殊性と普遍性の認識》を経て,《複合システムの理解》に至るプロセスである。

① 《感覚コミュニケーションの探究》

コミュニケーションの困難さが複雑に絡み合う聴覚障害と精神障害をあわせもつ人への支援では,利用者と支援者とのコミュニケーションのあり方が問われてくることが多い。よって,PSW は対象者理解のために出会いの場から《感覚コミュニケーションの探究》を行う。

第3章　PSWによるソーシャルワーク実践

図3-1　PSWによる聴覚障害と精神障害をあわせもつ人への支援行為における対象者理解のプロセス

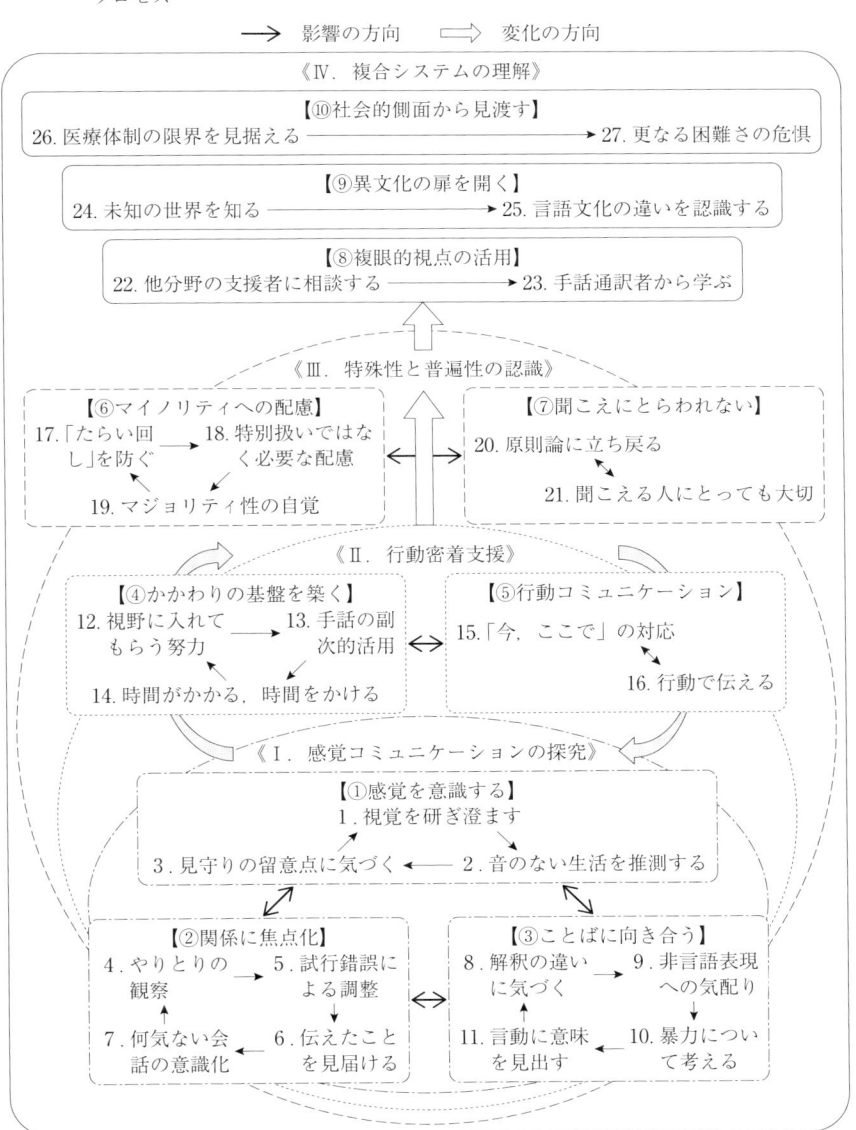

　　　　　　　　→　影響の方向　　⇒　変化の方向

《Ⅳ．複合システムの理解》
【⑩社会的側面から見渡す】
26. 医療体制の限界を見据える ──────────→ 27. 更なる困難さの危惧

【⑨異文化の扉を開く】
24. 未知の世界を知る ──────────→ 25. 言語文化の違いを認識する

【⑧複眼的視点の活用】
22. 他分野の支援者に相談する ──────────→ 23. 手話通訳者から学ぶ

《Ⅲ．特殊性と普遍性の認識》

【⑥マイノリティへの配慮】
17.「たらい回し」を防ぐ　18. 特別扱いではなく必要な配慮
19. マジョリティ性の自覚

【⑦聞こえにとらわれない】
20. 原則論に立ち戻る
21. 聞こえる人にとっても大切

《Ⅱ．行動密着支援》

【④かかわりの基盤を築く】
12. 視野に入れてもらう努力　→　13. 手話の副次的活用
14. 時間がかかる，時間をかける

【⑤行動コミュニケーション】
15.「今，ここで」の対応
16. 行動で伝える

《Ⅰ．感覚コミュニケーションの探究》

【①感覚を意識する】
1. 視覚を研ぎ澄ます
3. 見守りの留意点に気づく　←　2. 音のない生活を推測する

【②関係に焦点化】
4. やりとりの観察　5. 試行錯誤による調整
7. 何気ない会話の意識化　6. 伝えたことを見届ける

【③ことばに向き合う】
8. 解釈の違いに気づく　9. 非言語表現への気配り
11. 言動に意味を見出す　10. 暴力について考える

65

表3-2　カテゴリー・概念一覧表

No	No	カテゴリー名	No	概念名	概念の定義
1	1	感覚を意識する	1	視覚を研ぎ澄ます	相手の言動や周辺情報をキャッチするためにも，PSWが自らの視覚を中心に感覚を研ぎ澄ますこと。
			2	音のない生活を推測する	聞こえにくいことから生じる生活上の困難さや，音のない世界で生きてきたその人の人生を推測すること。
			3	見守りの留意点に気づく	聞こえにくい人にとっての視覚の影響を，支援における見守りの留意点として意識すること。
	2	関係に焦点化	4	やりとりの観察	かかわりのスタート地点として，まずその場で展開されている対人コミュニケーションを観察すること。
			5	試行錯誤による調整	自らの表情や声や身体などを使い，互いのコミュニケーションの調整を行うこと。
			6	伝えたことを見届ける	伝えたことが届いているのかの再確認とコミュニケーションの点検作業を行うこと。
			7	何気ない会話の意識化	聞こえにくい人とかかわりながら，普段無意識に行っている自らのコミュニケーションの特性や癖などを意識すること。
	3	ことばに向き合う	8	解釈の違いに気づく	コミュニケーションの要素として，「ことば」の解釈について探っていくこと。
			9	非言語表現への気配り	表情や態度などから，自然と伝わってしまう非言語的要素を含めて，「ことば」として認識すること。
			10	暴力について考える	支援者が暴力を受けた体験と向き合い，身体言語として暴力を捉え，そこで表現されたことの意味を考えていくこと。
			11	言動に意味を見出す	わからない言動に向き合い，本人とのやりとりや，周囲からの情報をつなぎ合わせ，そこに「ことば」としての意味を見出していくこと。
2	4	かかわりの基盤を築く	12	視野に入れてもらう努力	相手のテリトリーに入れてもらうことで，支援関係を作りながら，多側面からの情報を得る努力をすること。
			13	手話の副次的活用	関心があるということを伝え，関係を作るための手段として，あえて手話を使い活用すること。
			14	時間がかかる，時間をかける	情報収集，アセスメント，関係作りなど，部分的にも支援全体を通しても時間がかかることを認識し，時間をかけていくこと。

(カテゴリー1: 感覚コミュニケーションの探究)
(カテゴリー2: 行動密着支援)

		5	行動コミュニケーション	15	「今，ここで」の対応	その場の状況に応じて，即座の行動により，「今，ここで」の思いを伝える努力をすること。
				16	行動で伝える	本人と行動を共にしていくなかで，試行錯誤している様子をその場で伝えることで，関係を作り支援を展開していくこと。
3	特殊性と普遍性の認識	6	マイノリティへの配慮	17	「たらい回し」を防ぐ	出会いの場でまず受け止め，必要に応じて橋渡しをしていくことで「たらい回し」を防いでいくこと。
				18	特別扱いではなく必要な配慮	聞こえにくい人への支援環境の整備が，特別扱いではなく，必要な配慮であり，大前提として必要であることを認識すること。
				19	マジョリティ性の自覚	音声言語中心の社会の中で聞こえる自分のマジョリティ性を意識すること。
		7	聞こえにとらわれない	20	原則論に立ち戻る	分野ごとの支援を特化するのではなく，ソーシャルワークの大原則こそが大切であると認識すること。
				21	聞こえる人にとっても大切	コミュニケーションの取り方やグループワーク時の配慮など，聞こえる人にとってもわかりやすく活用できることを認識すること。
4	複合システムの理解	8	複眼的視点の活用	22	他分野の支援者に相談する	聴覚障害者分野の支援者や機関と情報や専門知識を相互活用し，つながりを大切にしながら相談していくこと。
				23	手話通訳者から学ぶ	手話通訳者など他分野の支援者とかかわる中で，聞こえにくいことについての理解や，コミュニケーション方法などを学ぶこと。
		9	異文化の扉を開く	24	未知の世界を知る	手話を知ることで違う言語文化の世界を知るうれしさや楽しさを感じること。
				25	言語文化の違いを認識する	聞こえの違いを，言語文化の違いとして捉えること。
		10	社会的側面から見渡す	26	医療体制の限界を見据える	医療経済的視点からの社会の仕組みや，組織の経営問題，特徴など，医療システムを中心に外的要因から支援を見ていく視点を持つこと。
				27	更なる困難さの危惧	聴覚障害，精神障害に加え，高齢化に伴う課題など，生活上の多重な困難さの増幅に危惧を感じること。

まずPSWは利用者の聴覚機能に目を向け，自らも聴覚以外の［視覚を研ぎ澄ます］ことで，［音のない生活を推測する］。そして，見る─見られる関係を意識し，支援における［見守りの留意点に気づく］のである。このようにPSWは対象者理解のために，自らの【感覚を意識する】。
　そして，【関係に焦点化】していく。そこには，その場で行われている［やりとりの観察］を出発点に，自らかかわりながら［試行錯誤による調整］を重ね，確実に［伝えたことを見届ける］ために確認や点検を行い，［何気ない会話の意識化］に至るというプロセスがある。このプロセスにより，コミュニケーションの精度が高まり，対象者理解にもつながっていくのである。
　また，利用者の自己表現をすべて「ことば」として再定義していくことが，対象者理解のひとつの要素となる。つまり，PSWはコミュニケーションについて考える中で，その核となる【ことばに向き合う】ことになる。それは，コミュニケーションのズレの要因が単純に言語の違いだけではなく，ことばの［解釈の違いに気づく］ことから，［非言語表現への気配り］を意識し，表現のひとつとして［暴力について考える］ことにもなる。そして，［言動に意味を見出す］作業を通して「ことば」を再定義していくのである。

② 《行動密着支援》
　聴覚障害と精神障害をあわせもつ人の理解は，実践の中でかかわりながら《行動密着支援》という形で段階的に深まっていく。支援の初期段階でPSWは【かかわりの基盤を築く】ために持続的かかわりを行う。そのかかわり方とは，［視野に入れてもらう努力］を惜しまず，［手話の副次的活用］を行いながら，支援関係を築いていくことである。そのプロセスは［時間がかかる］が［時間をかける］ことで，関係性も対象者理解も深まっていくのである。また，PSWが必要時に［「今，ここで」の対応］を行うことや，行動を共にし視覚的に［行動で伝える］ことなど，即時的かかわりとしての【行動コミュニケーション】を通して深まる関係性や対象者理解もある。

③ 《特殊性と普遍性の認識》
　聴覚障害と精神障害をあわせもつ人の支援を展開していく中で，PSWには対象者理解のための《特殊性と普遍性の認識》が必要となってくる。特殊事例

であるがゆえに支援における【マイノリティへの配慮】は欠かせない。出会いの場で受け止め［「たらい回し」を防ぐ］ことを念頭に置き，支援の中で［特別扱いではなく必要な配慮］を的確に行うことが重要となる。そこではPSWの支援における［マジョリティ性の自覚］が求められる。一方，普遍性として【聞こえにとらわれない】対象者理解が必要となる。つまり，ソーシャルワークの［原則論に立ち戻る］ことから，［聞こえる人にとっても大切］な要素にPSWが支援の中で気づかされることになるのである。

④ 《複合システムの理解》

また，聴覚障害と精神障害をあわせもつ人の支援では，二つの障害が重なっているがゆえに，領域を超えた支援者同士のつながりが不可欠となる。よってPSWは【複眼的視点の活用】を行いながら支援を展開し，対象者理解を深めていく。支援の中で，［他分野の支援者に相談する］ことを意識して行い，特に支援の場でかかわることの多い［手話通訳者から学ぶ］意義は大きい。自らの直接的なかかわりや他の支援者からのアドバイスにより，PSWは聴覚障害と精神障害をあわせもつ人との言語の違いなどから［未知の世界を知る］ことや，互いの［言語文化の違いを認識する］ことで，【異文化の扉を開く】のである。同時に，［医療体制の限界を見据え］［更なる困難さの危惧］を考えながら【社会的側面から見渡す】ことが，ソーシャルワーク実践においては重要となる。これら，聴覚障害者支援と精神障害者支援，社会システムと文化システムなど，聴覚障害と精神障害をあわせもつ人を取り巻く《複合システムの理解》へと至るプロセスが，PSWによる聴覚障害と精神障害をあわせもつ人への支援行為における対象者理解のプロセスなのである。

4　感覚によるコミュニケーションの探究

聴覚障害と精神障害をあわせもつ人への支援行為における対象者理解として，PSWはまず《感覚コミュニケーションの探究》を行っていた。《感覚コミュニケーションの探究》とは，PSWが自らの【感覚を意識】し，【関係に焦点化】するなかで，【ことばに向き合う】ことである。以下，《感覚コミュニケーショ

ンの探究》を構成する各カテゴリーについて，概念ごとにデータに基づき説明していく。

カテゴリー1 【感覚を意識する】
【感覚を意識する】というカテゴリーは，[1．視覚を研ぎ澄ます]，[2．音のない生活を推測する]，[3．見守りの留意点に気づく]という3つの概念で構成される（図3-2）。

概念1 [視覚を研ぎ澄ます]

[視覚を研ぎ澄ます」とは，相手の言動や周辺情報をキャッチするためにも，PSWが自らの視覚を中心に感覚を研ぎ澄ますことである。

聴覚障害と精神障害をあわせもつ人は感覚機能に障害があり，かつ，複合的なコミュニケーションの障害を抱えている。ゆえに支援においては，相手の情報やメッセージをキャッチし理解を深めるために，PSWが自らの感覚を意識していた。あるPSWは自らの感覚の変化について次のように語っていた。

- 今までよりも，こういう会話の間とか，雰囲気とか，視覚的なものとか，感覚的なものとかが，鋭くなったと思いますね，自分自身が。見る部分と，どうしても伝わらないから感じたいという部分がありますね。そういう面で自分で言うのはおかしいですけど，感覚は鋭くなったような気がします(C)。

また，PSWの感覚や感性を磨くことの必要性についてかかわりを通し，感じているという語りも聞かれた。

- 「あの人どうしてるんだろう」って思う力はつけたいなと思う。気が利かないから常に見ているわけじゃないんだけど，「あの人耳が聞こえないから情報はいってないよな」とか。それから，いつでも「私は気が利かないから，私を見たら聞く様にして」って言っておくとか。…それが必要だなって思うんだよね (I)。

- 自分が言っていることがどこまで伝わっているのか，相手がどこまで表現できているのか，というのを，きちんと表情とかいろんなところで，最大限の力を使ってキャッチしなければいけんだ私たちは，ということを

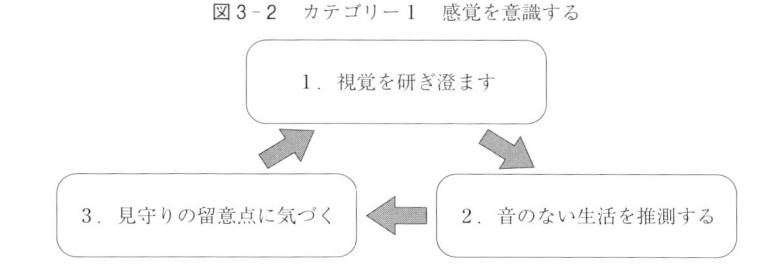

図3-2　カテゴリー1　感覚を意識する

```
        ┌──────────────────┐
        │ 1．視覚を研ぎ澄ます │
        └──────────────────┘
           ↙          ↘
┌────────────────────┐   ┌──────────────────────┐
│3．見守りの留意点に気づく│ ← │2．音のない生活を推測する│
└────────────────────┘   └──────────────────────┘
```

気付かせてもらった（L）。

- 今までの生活で，聞こえない中で自分が培ってきたやり方とか。彼ら独特な世界にもアンテナを持つってことかな（P）。

このように，相手の状況を想像し，会話の間や雰囲気を感知するアンテナを持つことが求められていたのである。

概念2 ［音のない生活を推測する］

［音のない生活を推測する］とは，聞こえない，聞こえにくいことから生じる生活上の困難さや，音のない世界で生きてきたその人の人生を推測することである。

精神保健福祉の現場でPSWが聴覚障害のある人に出会った時，聞こえにくいことから生じる生活上の困難さに気づき，音のない世界を推測していた。あるPSWは本人の所持金を見てその人の生活を推測していた。

- 「何で小銭がいっぱいなのかな」って聞いたときに，「やりとりがやっぱり面倒くさい」って。「これいくら？」っていうのが。だから，面倒くさいから，だいたい物の商品の値段以上のお金をポンっと大きな紙で出す。必ずおつりがそこでは返ってくる。彼が渡すのはお札。それで小銭。ああそうなんだって思って。それがすごい何かこの人の生活の中で，やっぱり私たちが平素できることとできないことを割愛しちゃってやってきているんだっていうのが印象的だったかな（P）。

そして，生活上の困難さを想像し，生きづらさの拡大になるのではないかと危惧しつつも，それもその人の生きる工夫として認めている。

- 不自由さをどうやって自分で工夫しているのか。でも，工夫の中でもし

71

たつもりでも結構，二次的，三次的に不便さを広げちゃってるようなこともあるんじゃないかと。それで本人が怒るわけじゃないしね。だって，それが彼らの生きる工夫だったからね（P）。

また，その人の生きづらさを今まで生きてきた歴史と絡めて考えることで，聞こえにくい世界で生きてきた人生に思いを馳せ，PSW自身が主体的に聞こえにくいことを考え，理解を深めるきっかけとしていた。

・聞こえないという生きづらさ，まあ障害というのを持って，更にそこに病気になってしまって，その中でどうやって病院の中で生きてきたのかとか，そういうことを自分で考えるようになりましたね（C）。

・勝手な解釈をし続けてきたことは多分聞こえないことのハンデを自分なりにプライドもあるので聞き返さないとか，そういう生き方をしてきた人だなということがわかって，聞こえないことはもしかしたら何かあるのかもしれないということをちょっと思い始めた時期だったんです（A）。

更に，相手の状況を自分の身に置き換え推測するなかで，状況における障害について考えていた。

・なんでも「うん，うん」って言うのは聞こえない人の特性じゃなくて，自分のわからない言葉でまくしたてられた時には，わかったことにするというのは人間の基本的な処世術やと思うんですよ。聞こえる人も海外旅行に行った時，言葉が通じひん時って同じようになるので，聞こえない人達は常にそういう状況にある。それが口話で言われたときもそうだし，手話でしゃべりかけられた時も，もしかしたらわかってなくても「うん」ということも，似たような問題であるかもしれない（B）。

聞こえにくいという機能障害としての理解から，聞こえにくい生活，音のない世界を生きてきた人生を推測するに至るまで，PSWの推測にも段階があることがわかる。

概念3 ［見守りの留意点に気づく］

［見守りの留意点に気づく］とは，聞こえにくい人にとっての視覚の影響を，支援における見守りの留意点として意識することである。

聞こえにくい人は聴覚以外の感覚をフル活用して外の世界の状況をつかみ，

コミュニケーションをとっていると考えられる。聴覚障害と精神障害をあわせもつ人の支援では，聴覚以外の感覚として，視覚重視のコミュニケーションが行き違いを生じさせ，時に病状につながる可能性があることを次の語りは指摘している。

- ○さんは，たとえば私と△さんが話しているとして，それを見て「自分のこと言ってただろ」「何言ってたんだ」とか聞いてくるじゃない。そういうふうに受け取るというか，そこで大体は「○さんのことじゃないよ」で話は終わるんだけど，病状によっては「笑ってたじゃないか」「俺のこと笑ってただろ！」みたいな感じで（F）。

一方，PSWにとっても見るという行為は，支援における見守り，見立てなどの言葉にも表わされるように重要な位置を占める。あるPSWはまさにこの見守りと，相手の視覚の影響について考察しつつ語っていた。

- 彼は自分が見られていると思うから睨み返している。私たちは一生懸命聞こえない人だから観察して見守っているんだけど，彼にしたら注視なんだよね。注視をされていると思ってカアッとなっていくんだよね。注察妄想があるから，彼に「注察妄想が出てきた」という申し送りがあった時に，余計にこっちも注察していくんだけど，それこそ関心を持って注意して見守っていたんだけど（A）。

このように利用者と支援者双方の視覚を重視したコミュニケーションは，時に病状を助長してしまい，支援の行き違いを拡大していた。ここでは見守りの留意点にPSWが気づくことが重要であることがわかる。

これら【感覚を意識する】ことを，PSWは聴覚障害と精神障害をあわせもつ人への支援行為における対象者理解として行っていたのである。つまり，PSWは利用者が聴覚に機能障害があるということを知り，聴覚以外の［視覚を研ぎ澄ます］行為を通して，［音のない生活を推測する］ことで対象者理解を深め，更に，見る―見られる関係を意識することで，支援における［見守りの留意点に気づく］ことにつながっていたのである。そして，これらの気づきが［視覚を研ぎ澄ます］ことになるという【感覚を意識する】一連の支援行為

プロセスとなっていたのである。

カテゴリー2【関係に焦点化】

【関係に焦点化】というカテゴリーは，［4．やりとりの観察］，［5．試行錯誤による調整］，［6．伝えたことを見届ける］，［7．何気ない会話の意識化］という4つの概念で構成される（図3-3）。

概念4 ［やりとりの観察］

［やりとりの観察］とは，かかわりのスタート地点として，まずその場で展開されている対人コミュニケーションを観察することである。

聴覚障害と精神障害をあわせもつ人の場合，どのようにコミュニケーションをとっていくかが，かかわりのきっかけを掴んでいく重要な要素となる。あるPSWはその場で今まで行われていたコミュニケーション方法をじっくりと各側面から様々な方法で観察していた。

- スタッフとのやりとりをまずどうしてるんだろうって見るわけじゃない。そうすると，みな広告用紙持って紙を持ってだいたいやってる。じゃあ，筆談なんだと。そこでひとつスタッフと患者さんのコミュニケーション方法を確認した。もうひとつは，双方ともにそれができあがってるんだなと確認できたのは，彼が入ってくるとボールペンと紙という感じでいくので，○さんみたいな人に対してはこの病棟ではこういうコミュニケーションなんだなというのが観察できた（A）。
- 「この人，手話ができるのかな」と思って，見たら手が動いていたり，私がちょっと何かしてみたら，動いたりとかあったので「あっできるだろうな」と思って（A）。
- 一対一は困らない人はグループではどうしているのかなという関心と患者さん同士のコミュニケーションはどんなことがあるのかなというのが，多分なんかさりげなく見始めた…どうしているんだろうなということを，多分折に触れ無意識にも意識的にも観察し始めた（A）。
- 最初，彼は先天性のろうあかなと思ったんだけど，カルテを読んでいくうちに違うということがわかり，文字を獲得してから失聴していることが

第3章　PSWによるソーシャルワーク実践

図3-3　カテゴリー2　関係に焦点化

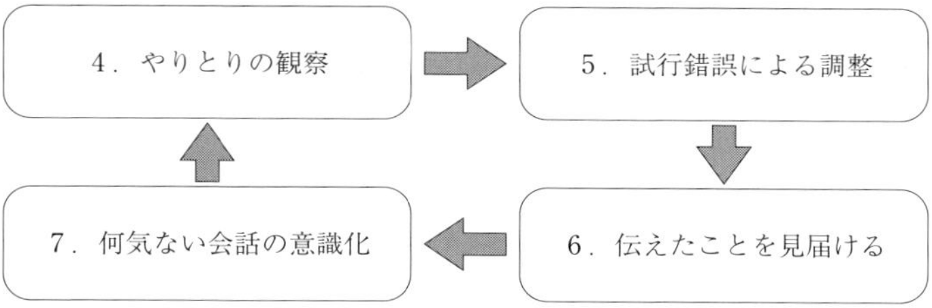

```
┌─────────────────┐      ┌─────────────────┐
│ 4．やりとりの観察 │ ───▶ │ 5．試行錯誤による調整│
└─────────────────┘      └─────────────────┘
         ▲                        │
         │                        ▼
┌─────────────────┐      ┌─────────────────┐
│7．何気ない会話の意識化│ ◀── │ 6．伝えたことを見届ける│
└─────────────────┘      └─────────────────┘
```

わかることで，これだけ筆談能力が高いのがわかった（A）。

・他のデイケアスタッフが手話じゃなくても，「書きポン」とかジェスチャーとかでかなりコミュニケーションをとっているなというのがわかったし。あと，将棋を通じて他のメンバーとのかかわりがあるのが見れてきていて（G）。

また，周囲の状況を観察し，自ら真似てみていたPSWもいた。

・「あ～聞こえないんだ」と思って，周りの人の対応を真似しました。看護師さんだったりとか，周りの人との仲が良かったようなので。筆記ノートをその方がもってやりとりしているのを見て，「ああこうやってやればいいんだ」と思って（J）。

このように，生じた疑問を推測にとどまらせることなく，観察により確認しながら，かかわりのスタート地点や介入ポイントを見定めていたのである。

概念5　［試行錯誤による調整］

［試行錯誤による調整］とは，自らの表情や声や身体などを使い，互いのコミュニケーションの調整を行うことである。

聴覚障害と精神障害をあわせもつ人の支援の導入では，聴力の程度や視覚的な位置どりなど，支援者自身の表情や声など身体を使って，コミュニケーション方法を確認しながら調整していた。

・はじめての利用者さんの目の前に行った時に相手が聴力がどのくらいかはわからないので，まずはゆっくり大きな口開いてわかりやすくはじめてしゃべっていく中で「どうです。この位の声は？」ってね。少しずつボリューム上げながら，落としながら確認していくのよ。何となくそういうの

が身についちゃっててね。……まず聴力はどうなのかなと気にするようになってきたよね（H）。

・聞こえない人のそばで位置をとって，いろんなタイミングの中で確認をしたりというのはわかっていたんで，一番最初に訪問した時に僕は実は○さんの隣の位置がとれたので，「今調査があってね。介護度出たら僕がケアマネになるから」って話は最初からできたんだよね（H）。

・補聴器付けてもなかなか電話での会話が難しいんで，やっぱり「今度行った時にゆっくり話すからね」みたいな言い方で安心させて，すぐ訪問しないと上手くつながらないかもしれない。……顔を見ながらの方がわかりやすいしね。筆談するにしてもそばでね。電話は本当に温度差がありすぎて。だって，補聴器だとか電話に特殊な機能が付いていてもなかなか難しいしね（H）。

このように，コミュニケーション方法は場や状況によっても異なる。よってその都度，本人とコミュニケーションの度合いを調整しながら，聴力及びコミュニケーション方法のアセスメントをしていたのである。

概念6 [伝えたことを見届ける]

[伝えたことを見届ける] とは，伝えたことが届いているのかの再確認とコミュニケーションの点検作業を行うことである。

聴覚障害と精神障害をあわせもつ人とのやりとりでは，コミュニケーションの行き違いによって，その場ではわかってもらえたと思っても，実はわかってもらえてなかったという場合が多い。伝えたことが届いているかどうか，伝えたつもりで終わらず，届いたかどうかを確認していく点検を行うことを何人かのPSWが再認識させられたと語っていた。

・伝えたつもりにならないことを再認識させられる人たちではありますよね。伝わったつもりになっていたり，聞いてもらえてたつもりになってたりということを，再認識させてくれる方々ではありますね（B）。

・言葉をどこまでわかっているのか，自分の言葉をどこまで伝えられているのかというのを，ちゃんと見なきゃって。一応，形だけうなづいているから，わかったなと流してしまうとダメだと，それは本当に誰でもですけ

ど改めて気づかせてもらいました（L）。

　また，手話や筆記を使ったことで伝わったつもりになってはいけないこと，伝えたことの確認と点検が必要なことも語られていた。

　　•伝えたつもりっていうのが一番良くない。なので，伝えたというのは伝わってはじめて伝えたことになるので，言ったから伝わったわけじゃなくて，受け取ってもらえて理解してもらえて，はじめて伝えたことになるというところを間違えると，手話ができるから伝わったでもないし。その意味がちゃんと入っているかどうかは別なんですよね（B）。

　　•「わからないことあった？」とかその確認が必要なのかもね。ただ，書いてくれているからわかっただろうってなっちゃうから。その辺の視点を持っていないといけないんじゃないかなって思う。……だから，点検とか確認することが必要かなと思う（F）。

　このように，かかわりの中で改めてPSWがコミュニケーション本来の意味を考え直すことにもなっていたのである。

|概念7|［何気ない会話の意識化］

　［何気ない会話の意識化］とは，聞こえにくい人とかかわりながら，普段無意識に行っている自らのコミュニケーションの特性や癖などを意識することである。

　聴覚障害と精神障害をあわせもつ人への支援の中で，あるPSWは普段意識せずに行っている自らのコミュニケーションについて意識させられていた。

　　•向こうもそうなんだろうけど，何をどう伝わってるんだろうって不安になるもんね。……実は自分がベラベラしゃべってることだって……何か自分だってそうだよね。半分くらいしか聞いてないこと多いしさ。……患者さんにどこまで伝わってるんだろうってことに関して実は伝わってないのかもしれないけど，普段そんなにそこまで意識しないことをどうやったら伝わるだろうって思うもんね（M）。

　また，支援者自身が聞こえていることで獲得させてもらっていることに気づかされていた。

　　•私たちがきっと聞こえてることで獲得させてもらえている何かがあるの

かな，情緒というか何というか（P）。

このように，聞こえにくい人たちとかかわる中で，PSW自らが聞こえの意味や日常のコミュニケーションを振り返り，コミュニケーションの普遍的要素を考える機会を持っていたのである。

そして，意識せず行われていたコミュニケーションを意識化することで，更に観察のポイントが絞れ，コミュニケーションの調整や確認，点検作業が明確となり，更に循環していくことで，コミュニケーションの精度を高めていたのである。

これら【関係に焦点化】するとは，まずその場で展開されている利用者の［やりとりの観察］からはじまり，自らがかかわりながらコミュニケーションの［試行錯誤による調整］を積み重ね，確実に［伝えたことを見届ける］ためにコミュニケーションの確認と点検を行い，［何気ない会話の意識化］に至るというコミュニケーションの循環的プロセスにもなっていたのである。

カテゴリー3【ことばに向き合う】

【ことばに向き合う】というカテゴリーは，［8. 解釈の違いに気づく］，［9. 非言語表現への気配り］，［10. 暴力について考える］，［11. 言動に意味を見出す］という4つの概念から構成される（図3-4）。

概念8　［解釈の違いに気づく］

［解釈の違いに気づく］とは，コミュニケーションの要素として，「ことば」の解釈について探っていくことである。

聴覚障害と精神障害をあわせもつ人の支援では，手話などその人の第一言語を使用することのみで，コミュニケーションがうまくいくとは限らない。

・○さんにはうまく手話を使える事はうれしかったんだけど，その分，「わかるだろ」という感じで，○さんとぶつかったこともあったね。……「どうしてわからないの！　僕の言うことがどうしてわからないの！」と言われて，私も「なんで，私の言うことがわからないの！」という感じで（F）。

図3-4　カテゴリー3　ことばに向き合う

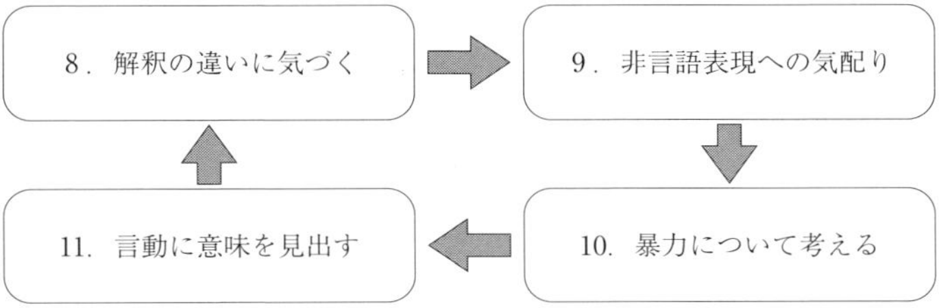

```
┌─────────────────────┐      ┌─────────────────────┐
│ 8．解釈の違いに気づく │ ➡   │ 9．非言語表現への気配り │
└─────────────────────┘      └─────────────────────┘
          ⬆                              ⬇
┌─────────────────────┐      ┌─────────────────────┐
│ 11．言動に意味を見出す │ ⬅   │ 10．暴力について考える │
└─────────────────────┘      └─────────────────────┘
```

・「伝わる，伝わらない」という感じが手話以外でも伝わるところがあるし，場合によっては，かなりねじれて伝わっているところもあるし，そう考えるとあんまり伝わるのか伝わってないのかというのが，手話の表現の作用によって違うのか，本当にそんなに変化があったりするのかなというところがよくわからない（G）。

　また，聴覚障害と精神障害をあわせもつ人の中でも，先天性のろう者や幼少期に聞こえなくなった人の場合，言語獲得のプロセスの違いからくることばの解釈の違いが，コミュニケーションのズレの要因のひとつになっていることがある。よって，ことばの意味を理解していくプロセスを探っていくと同時に，どのような言語獲得体験をしてきたのかを知る必要がある。あるPSWの語りからはそのことを考えさせられる。

・このズレが修復できない。……そのズレの度にそのズレの原因が何だということになると，文字面がわかっていても，そのことの意味が彼の解釈と私たちの解釈がズレているということの理解に至るんです。なんでズレているかっていったら，その獲得体験が違うとしか結論が出せない（A）。
・言葉の問題じゃないんだということに行きついたわけよ。言葉の問題じゃなくて，「その言葉の持つ意味が理解されていないんだ」「その言葉の持つ意味が彼の生活の中で獲得されていないんだ」ということがわかってくるわけですよ。……意味が伴った言葉として理解されているのかということと，文字として文字面を知っているのは多分違う（A）。

　実感を伴ったことばの意味の習得とはどういうことなのか。ことばを文字として頭で知的に理解していくことと，身体で感じたことを体験として理解して

いくこと。この両者のバランスがどのように形成されているのかを，生育歴や教育背景を考えながら知っていく必要があることがわかる。

このように，ことばの［解釈の違いに気づく］ことが，コミュニケーションの道具でもあり核となることばについて考えていく第一歩なのである。

|概念9|［非言語表現への気配り］

［非言語表現への気配り］とは，表情や態度などから，自然と伝わってしまう非言語的要素を含めて，「ことば」として認識することである。

支援におけるコミュニケーションを考える場合，言語のみならず非言語要素も非常に重要となる。

- そっか……言葉って何よって。言葉って結局想いを伝える，こちらが言いたいことを伝えるための道具であって，だからわれわれ非言語コミュニケーションって言ってるじゃん，日頃からって。非言語コミュニケーションって言っているのに，こういう時に言語コミュニケーションを大事にしようとしたわけでしょ。その人にとっての言語が手話だから，言語コミュニケーションを大事にしようと思ったんでしょ。〇先生（医師）は非言語でボディランゲージでやって，それが伝わったんだよ。最終的には，そうふんでるのね。……「あらっ？　何か大事にしていることを私間違ってない？」って。でも，それが聞こえない人だからこそ，余計にそこを意識しちゃってる言語コミュニケーションって何かそれをやろうとしている自分があるんだろうなと，その時反省して（A）。

非言語表現は主に視覚を通して相手に伝わる。また，言語に比べて非言語は伝えるという要素より，意図せず伝わることが多いことも知っておくことが必要である。

- 怒ってるっていうのは，顔でわかるわけじゃん。「怒ってる」って手話やらなくても。だから，そこも誤魔化せないところってあるわけじゃない。……だから，普通は口で誤魔化しちゃうってことができるじゃん。心の中では怒ってるけど，とりあえず怒らないように穏やかに話して口では言えるけど。手話って表情込みだから，自然と表情を向こうも伝えてくるし，私も伝えちゃう。そうすると，なんだろうな，バチバチしちゃう（F）。

- 耳が聞こえない人は勝手に判断するので。勝手にというのは，私たちの動作を見て，「あの人私と話すのを嫌がっているな」とか，「他の人を選んだ」とか。それは事実なんだよ。だって，私はあなたよりこっちを選んだっていうのは事実じゃん。「後でね」っていくら言っても，後にしたんだから。そういうのは，目がいいから，表情とか全部読み取るじゃない。目がいいから（I）。
- 表層的なところの駆け引きでしかおちないっていうか。何だろう……。それが良いとか悪いとか，善悪とか道徳的なところでとかさ，「それが社会のルールで」っていう話で詰めていっても，何かこっちの顔で怒ってる，言葉で書いていることよりも，こっちの表情で，「△怒っている」「ごめんね」みたいな（P）。

また，自らの表現のみならず，相手が表情など非言語で伝えていることをどうキャッチするかも重要となる。

- こちらが伝えられないのも大変だけど，相手が伝えてくれないのももっと……。伝えてくれないけど，言葉では伝えてくれないけど，みるからに何かを伝えているとき，どのように対応していいのかということなんだよね（G）。

このように，聴覚障害と精神障害をあわせもつ人の支援においては，非言語要素もことばとして認識し，コミュニケーションを図っていく必要があることがわかる。

概念10 ［暴力について考える］

［暴力について考える］とは，支援者が暴力を受けた体験と向き合い，身体言語として暴力を捉え，そこで表現されたことの意味を考えていくことである。

聴覚障害と精神障害をあわせもつ人への支援において，PSWは時に利用者から暴力や威嚇行為を受ける場面に遭遇していた。

- （威嚇されて）まずは怖かったですね。殴られるというのを覚悟しました。そして，ここは一回私は殴られた方がいいかもしれないと思いました。……あの時なんでだったかわからないけど，そこで変に逃げてしまうことで彼との信頼関係がますます傷ついてしまうのかなと思ったり，ここは他

の人だったら,「ちょっと待ってよ」とか言葉でのやりとりができる。でも,それができなくなってしまった時には,彼がやることを私は全部受け止めた方がいいのかなというような感覚。言葉にするのはちょっと難しいけど,ここは一回殴られた方がいいかもしれないと思ったんですよね（L）。

• 私一回も暴力ふるわれたことなかったんですけど,傘で殴られたんですよね。バシンって殴られて,道中無言やったんですよね。帰り道電車に乗って30分しゃべってくれないんですよ。殴られたあとね。それも別に興奮してじゃなくて,押さえられへん何かがあったんかわからへんですけどね。（暴力を受けて）なんて言うのかな……痛いとかじゃないんですよ。もうどうしたらいいんやろ,「わかる」って思ったんですよ。何とも言えへん「今もう何か殴りたくなるよな,自分」っていう。その「どこにおいていいかわからへん気持ちがきっと起きてるんやね」っていうのが,わかったらあかんのかもしれんけど,何かわかった気がしたんですよね。だから,怒る気にもなれないし,「何するんや」っていうのもないんですよ。何ですんのかわかった気がするから。叩かれてても普通な気がして。（私も）避けるわけでもなく。でも,（相手も）何回も叩き続けるわけじゃなく,プルプル震えてはる状態やから（B）。

　これらの語りは衝撃的であった。威嚇や暴力は許されない行動である。また,支援の場で専門職は暴力を受けないよう自らの身を守ることも必要である。一方でPSWは受容や共感を軸に関係性を築いていくという姿勢が身についている。この場面でPSWが個人としての自分と専門職としての自分,関係性を重視するか,安全を考えるか,瞬時に考えをめぐらした様子がリアリティのある語りとして表現されていた。また,「他の人（聞こえる人）だったら言葉のやりとりができる」という語りから聴覚障害と精神障害をあわせもつ人の支援の特徴を見出すこともできた。

　聴覚障害と精神障害をあわせもつ人の支援において,言葉で伝えられないことを暴力という手段で表現することをどう捉えるか,暴力も表現方法のひとつという考え方でいいのか,考えさせられる。あるPSWは以下のようにも語っていた。

- 言うことが伝わらへんから暴力でという方に対して，言葉を取り戻してもらって，「要求を出してもいいんや」ということを，「暴力という表現手段は認めない」ということと対峙していって，暴力以外の要求を突き付けてくれたら，それに最大限寄り添えるような……基礎的な信頼関係を作るところからやっていかないといけない（B）。

暴力はやはり許されない行為である。暴力に至らないための「基礎的な信頼関係」を構築していくための，コミュニケーションのあり方の模索がPSWには求められることがわかる。この姿勢は聴覚障害と精神障害をあわせもつ人の場合は特にコミュニケーションや支援関係について考えを深め，身体言語としての暴力行為を捉えなおすことにもなっている。このように，被暴力体験を振り返ることは，コミュニケーションやことばについて考えを深める重要なエピソードとなっていた。

概念11 ［言動に意味を見出す］

［言動に意味を見出す］とは，わからない言動に向き合い，本人とのやりとりや，周囲からの情報をつなぎ合わせ，そこに「ことば」としての意味を見出していくことである。

聴覚障害と精神障害をあわせもつ人の場合，言語以外で自己表現されることが多い。よって，その人の言動には，何らかのメッセージが含まれると考え，本人にとってのことばの意味を探っていくプロセスが大切である。あるPSWは，本人とのコミュニケーションの積み重ねや様々な情報の中で，表現していることの文脈や意味がつながっていく経験をしていた。

- 私もわからへんかったんですよ。情動行動みたいなもんなんかなと思ってたんですよ。意味のないことをやってんのかなと思ってたら，それと過去のカルテと，その方の同級生らしきろうあ協会の人たちと出会った時の話をつなげ合わせていくと，彼の昔，過去あったことをパントマイムで表現していることがわかってきたりするんですよ。そういうのがわかったときに彼が言っていることは，無意味なことを，わけのわからんことを言っているんではなくて，とっても意味のあることを伝えようとしてたんやということがわかったんやというようなね（B）。

そして，PSW自身がわかったことを，本人に確認しながら他者とも共有し広げていくことにより，対象者理解を広げる作業を行っていた。

- 言葉の学習会というのをやったりね。手話も忘れてしまっていて訴えもすることもできなくなっていた彼の言葉を拾い上げて，「ようやってはるあの表現ありますやん」って言って，「こうこうこうやって，こういうのようやってはるでしょう。あれって実はこういう意味なんですよ。日本語で言うと」って。……言葉を表にしていったんですよ。彼が表現しているジェスチャー，身ぶり，手話というのを，日本語で言うとこうなんですというのをやって，それを詰所の中でやって，彼からも見えるようにしたんですよ（B）。

次のPSWの語りからも，本人が表現していることやことばとどう向き合うかが，特に精神保健福祉領域では求められていることがわかる。

- 特に精神科領域の場合は，言葉の中にその人の弱さも強さもそれからエンパワメントしていけるきっかけも見出すことができるから，言葉が媒体になっていることが多いので，その言葉にどう向き合うかというのがとても大事（A）。

わからない言動に向き合う姿勢で，言動をことばとして捉え直すことで，更に解釈の違いや非言語表現についての考察を深めることができることがわかる。そしてことばについて考えることは，コミュニケーション感覚を探っていくプロセスのひとつの重要な要素となっていたのである。

これら【ことばに向き合う】とは，コミュニケーションのズレの要因が単純に言語の違いだけではなく，ことばの［解釈の違いに気づく］ことからはじまり，言語のみならず［非言語表現への気配り］が意識され，時にPSWが対象者からの被暴力体験を通して［暴力について考える］ことから，非言語表現を含めた［言動に意味を見出す］作業を行っていたのである。そして，PSWは対象者理解のために【ことばに向き合う】ことで利用者の言動を全てことばとして捉えなおすことを通して，ことばの再定義を行っていたのである。

5　行動密着支援

　聴覚障害と精神障害をあわせもつ人への支援行為における対象者理解として，PSW は《行動密着支援》を行っていた。《行動密着支援》には，【かかわりの基盤を築く】ための持続的かかわりと，その場におけるメッセージをタイムリーに伝えるため【行動コミュニケーション】としての，即時的かかわりがある。以下，《行動密着支援》を構成する各カテゴリーについて，概念ごとにデータに基づき説明していく。

カテゴリー 4 【かかわりの基盤を築く】

　【かかわりの基盤を築く】というカテゴリーは，［12. 視野に入れてもらう努力］，［13. 手話の副次的活用］，［14. 時間がかかる，時間をかける］という3つの概念で構成される（図3-5）。

概念12　［視野に入れてもらう努力］

　［視野に入れてもらう努力］とは，相手のテリトリーに入れてもらうことで，支援関係を作りながら，多側面からの情報を得る努力をすることである。
　特に聴覚障害と精神障害をあわせもつ人の場合，聴覚からの情報が入りにくいという感覚機能の特性からも自分の世界に入りやすい傾向があるのではないかと，ある PSW は語っていた。

> • 聞こえないということで良くも悪くも自分の世界というのを作りやすい感じがする。騒音が聞こえないとか，目に入るけど無視するとか，嫌なものとかを。そういうのを少し変わっていくというところで，何度かその視野の中に入れてもらうところをこっちは最初がんばんなきゃいけないのかなと思って……（G）。

　まずは，彼らの視野に入れてもらうことが支援者にとっての最初のがんばりどころとなる。また，支援者側から相手のいる場に出向くことも時に必要になってくる。その際，本人といかにコミュニケーションをとり，情報を収集していくかが重要となっていた。

図3-5　カテゴリー4　かかわりの基盤を築く

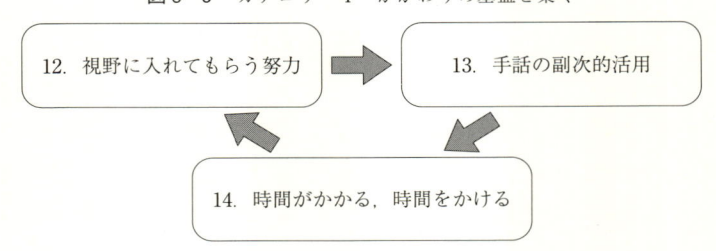

```
┌─────────────────────┐      ┌─────────────────────┐
│ 12. 視野に入れてもらう努力 │ ──▶ │ 13. 手話の副次的活用    │
└─────────────────────┘      └─────────────────────┘
           ▲                          │
           │                          ▼
        ┌─────────────────────────────────┐
        │ 14. 時間がかかる，時間をかける      │
        └─────────────────────────────────┘
```

・コミュニケーションツールはたくさん持っていたほうがいいなと。手話もわかるなら，多少出来たほうがいいかなと思って。本人が今までどうやって周りの人と関わっていたかという情報をたくさん得られるような機会をたくさん作ったほうがいいかな（J）。

・やっぱりどっちに話を聞くかによって相手の土俵に乗るのか，こちらの土俵に乗せるのかでは随分それは情報が違う。特に聞こえない人の情報はカルテに書かれていない情報がいっぱいあるわけですよ。わからないがために。それをやっぱり聞き出すためには，いかに向こうの土俵に入るかというのが，結構大事なこと（A）。

支援における情報収集では，本人とのコミュニケーションを大切にしながら，まずは本人側から情報を得ようとする姿勢が重要となっていた。つまり，対象者理解のためには，情報の取り方，取り扱い，確認の必要性を意識することが大切であることがわかる。

概念13 [手話の副次的活用]

［手話の副次的活用］とは，関心があるということを伝え，支援関係を作るための手段として，あえて手話を使い活用することである。

手話はコミュニケーション手段としてだけではなく，本人のことを知りたい，かかわりたいというメッセージにもなり，関係性構築のひとつの方法として活用されていた。

・ちょっと手話使って話したらすごい喜んでくれて。すごく，それだけで近く感じてもらえて。だからと言って絶対手話使えないといけないというわけじゃないけど，関心があるよってことにつながるのかな，ちょっと近

づけるのかなと思った（F）。
- 「あなたは手話やっているから，学んでいるという姿勢がいい」とか言われて。「全然，できないのに」って言っても，でも，仲間だと思ってくれて（I）。
- 手話が少しでもわかるスタッフがいることで，向こうが安心感とか，それなりの受け入れられている感覚につながるなら，少しでも知っておくといいと思うんですけどね（N）。

このようにコミュニケーションの内容よりも，関係という意味でメタコミュニケーションの手段として活用できることがわかる。

また，本人から手話を教えてもらうことで，支援関係のみならず異なる関係を活用でき，関係性を柔軟にしていることが，PSWの語りからもわかる。

- 聴覚障害者だから筆談したり，何かやっていると，少しこちらが刺激されて「こういうのは何てやるの？」とか聞いていって，教えてくれたりとかね（K）。
- 手話のニュースとかを見たり，やっぱり長い間付き合ってて，自然と見るようになりましたね。だから，私の方が勉強させてもらってますよね。ありがたいですよ。それでも，手話が「下手だ下手だ」って言われてね（笑）（K）。

このように，手話を教えてもらうことで相手の世界を学び，援助関係を形成するために活用できる手段のひとつともなっていた。このことは，本人のことは当事者である本人が一番の専門家であるという考え方にもつながる。

|概念14|［時間がかかる，時間をかける］

［時間がかかる，時間をかける］とは，情報収集，アセスメント，関係作りなど，支援を構成する各部分，及び支援全体に時間がかかることを認識し，時間をかけていくことである。

聴覚障害と精神障害をあわせもつ人の場合，支援者とのコミュニケーション手段の違いから，援助の大前提である関係性の構築に時間がかかることが多い。そこでは，PSWが根気強く執拗につき合っていた。

- 情報だけ伝えればいいかというと，そうじゃないんだなという。だから，

ただ単に今言っていることをそのままワーッと書けば伝わるかというとそうじゃないし,「てにをは」とか微妙に違うし,やりながらそれは覚えていくもんなんですかね。……その人にあったものを根気良く探るというか…それを探す作業に時間がかかる（F）。

本人の病状も含めアセスメントしていくにはさらに時間がかかっていた。

- （病状が）いい時はそうやって話ができたりするんだけど,悪い時は本当に全く聞こえていないというか,眼中に入らないから……やっぱり長期的にその視点を持ち続けながらかかわっていき,何がどう必要なのかというのを見極めるには,すごい時間がかかるのかもね（F）。

また,他職種に理解を求めつつ,時間をかけながらプロセスを大切にする視点を持っていくことも必要となることがわかる。

- 他のスタッフのように意思表示をしない人ということで諦めるというか,置いておくんではなくて,「要求してもらってもいい」というかかわりという,そこは時間をかけるしかないし,濃密な関係をとっていかないといけない（B）。
- 第一弾のかかわりが「週に一回横に座っていること」でいいわけじゃないですかね。そういうことを,やっぱりやっていくこと,認めてもらうこと。それを同僚から,病棟の他職種にもわかってもらう,そういうことですかね。そういうのがないとニッチもサッチもいかんという気がしてましたね（B）。

個別の関係性のみならず,当事者同士の関係も意識したグループワーク導入となると,更に時間をかけながらの見通しが必要となっていた。

- 病棟のグループで「みんなと会話している」「みんなに受け入れられた」それはものすごく所属感,帰属意識だよね。そこまで,ものすごく時間がかかったんですよ（A）。

支援の段階によっては,一歩一歩の理解の積み重ねにより支援を展開していくという支援者側の計画性も重要となっていた。

- 100％を求めすぎない方がいいというのかな。変な意味,今日はこれだけわかることができたからそれでよしとしようとか,そういう気持ちの持

ち方に段々変っていくような感じがする。ここまで知ろうとすると，大体期待に反することが多いから，私はここまで知りたいけどこの人答えてくれないとか，どこかにプイっと行っちゃうとか，なんか向こうは満足してどこか行っちゃったとかいうことは得てしてあるんで。なんかそこら辺ばっかりを追求すると相手にイライラするし，なんかそういうところで自分のエネルギーがなえちゃうことがあるんで。そこでなんて言うの……心理抑制じゃないけど，「今日はこれ聞けたからいいか」とか，「明日はこれ聞こうか」とか，そんなふうに考え方が変わってきたようなところがあるかな……（G）。

これらの語りからも，PSWによるかかわりの視点はプロセス性にあることがわかる。時間をかけること，長期的な視点を持ち見守りつつ支援を展開していくことが大切なのは言うまでもない。時間をかけ継続的かかわりを展開すること自体がコミュニケーションの質を高め，対象者理解を深めることになっていたのである。

これら，【かかわりの基盤を築く】とは，支援の初期段階でPSWが意識的に行う持続的かかわりといえる。まずは［視野に入れてもらう努力］を惜しまず，かかわりの中で関心を示すひとつの手段として［手話の副次的活用］を行いながら，［時間がかかる］が，［時間をかける］ことで，支援関係も対象者理解も深めていたのである。

カテゴリー5【行動コミュニケーション】

【行動コミュニケーション】というカテゴリーは，［15.「今，ここで」の対応］，［16. 行動で伝える］，という2つの概念で構成される（図3-6）。

概念15 ［「今，ここで」の対応］

［「今，ここで」の対応］とは，その場の状況に応じて，即座の行動により，「今，ここで」の思いを伝える努力をすることである。

聴覚障害と精神障害をあわせもつ人の支援では，言葉での説明以上に，まずその場で相談を受け止めること，受け止めようとする姿勢をその場で示してい

図3-6　カテゴリー5　行動コミュニケーション

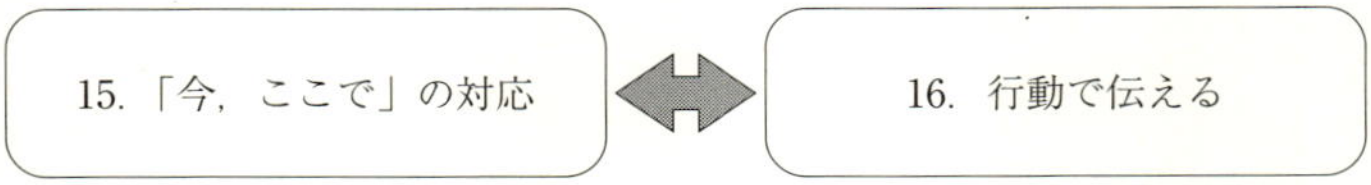

```
┌─────────────────────┐       ┌─────────────────────┐
│ 15.「今, ここで」の対応 │ ⇔   │ 16. 行動で伝える     │
└─────────────────────┘       └─────────────────────┘
```

た。

- その場，その場で。もう手話通訳の人が来るのを待ってというのはしないで，何でもいいからとにかく聞こうというので，「なあに」「どうしたの」って部屋に行くとか……。……行動で示すって感じ。でも実際に聞けることは少ないし，でも……まずはそれはやっとかないといけないって意識してやっていたけどね（G）。
- とにかくこっちができること，筆談でも手段はともかくとしてちゃんと表現とか，そういうことしかできないけど，それをまず，100％伝わるのを気にしていたら，手話通訳の人を呼んでということになるけど，そうじゃない場面もタイミングだったりとか……あるのかなと思って（G）。

上記のように危機介入やタイミングの問題も含め，タイムリーな対応が求められることがある。また，関係性作りにおいてもタイムリーな対応を行っていた。

- ○さんにしても，△さんにしても，どんどんすぐに怒っちゃうじゃないですか。でも，それはオーバーにでも違うんだって言わないと，そのまま凝り固まっちゃうという経験があるんで（I）。
- 相談してきたことをまずは絶対に捉える。それは，耳が聞こえないこととは関係なく，信頼関係を作るのに，耳が聞こえない人ってすぐに切っちゃうから，諦めちゃうから，その場が大事（I）。

このように，聞こえないことの特性やその場の状況を踏まえ，「今，ここで」のやりとりが，即時的かかわりとして，支援関係を作っていく上でも重要になっていたのである。

概念16 ［行動で伝える］

　［行動で伝える］とは，本人と行動を共にしていく中で，試行錯誤している様子をその場で伝えることで，関係を作り，支援を展開していくことである。

第3章　PSWによるソーシャルワーク実践

聴覚障害と精神障害をあわせもつ人への生活支援では，言葉で伝えることのみならず，行動をともにすることや，支援者自身の思いをその場で行動により，目に見える形で示していた。

- まさに体当たり（笑）。通じない分，釣れるもんでは全部釣ろうってみたいな感じだった。トラブルが起こった時に，あんまり待たないで，間をあけないようにしようしようというのはやっていたけど（G）。
- ○さんは夏場になると食事が取れなくなって，入院するのも頻回になるし……，世話人（PSW）は何をすべきかということを（先輩から）言われて，すごい一生懸命に考えて，御飯が食べられないなら一緒に作って，当直の時に一緒に食べればいいじゃないかって，……一夏くらいやったのね。……やったのよ。そのあとの○さんの接し方が少しずつ変わってきたような感じがある。なんか今までだともう一息よそよそしいというか，相手にされていない感じが，なんか私の強引さにびっくりしたんだと思うんだけど……それから何となくお互いに頑張って付き合っていこうという感じになって……（G）。

このように，生活上のどんな手段も支援に活用していくスキルが支援者には求められると同時に，そこにはPSWのつき合い続ける覚悟が見て取れる。

- 別に何をするわけじゃないんだけど，手をつないで売店に行くとか。あと，大グループの時に彼女に筆記をしている人がいなかったので，ちょっと意識して大きいカレンダーの裏とかを用意して書いてあげて，わかるようにして（G）。
- お家もよく行くようになりましたしね。ヘルパーさんがいる時に行ったり，訪問看護師が行っている時に一緒に行って，彼女を入院させたり。要介護認定を受ける時に立ち会って（C）。

これらの語りからは，日常の些細な行動を共にすることで，同じ状況を体験し，互いのコミュニケーションは深まり，支援展開の基盤を作ることになっていることがわかる。また，内容よりも関係を重視した，メタコミュニケーションとしての要素が強いこともみてとれる。

このように,【行動コミュニケーション】とは,PSWが必要時に[「今,ここ」の対応]を行うことや,視覚的に[行動で伝える]ことなど,即時的なかかわりによって,かかわる姿勢を伝えていくことであった。

6　特殊性と普遍性の認識

聴覚障害と精神障害をあわせもつ人への支援行為における対象者理解として,PSWは《特殊性と普遍性の認識》を行っていた。《特殊性と普遍性の認識》とは,極めて個別的で特殊な事例として扱われる聴覚障害と精神障害をあわせもつ人の支援において,専門的知識に基づいた【マイノリティへの配慮】と,ソーシャルワークの原則論を意識した【聞こえにとらわれない】という両側面の相互影響性を,PSWが認識していくことである。以下,《特殊性と普遍性の認識》を構成する各カテゴリーについて,概念ごとにデータに基づき説明してく。

カテゴリー6　【マイノリティへの配慮】

【マイノリティへの配慮】というカテゴリーは,[17.「たらい回し」を防ぐ],[18. 特別扱いではなく必要な配慮],[19. マジョリティ性の自覚]という3つのカテゴリーから構成される(図3-7)。

概念17　[「たらい回し」を防ぐ]

[「たらい回し」を防ぐ]とは,出会いの場でまず受け止め,必要に応じて橋渡しをしていくことで「たらい回し」を防いでいくことである。

聴覚障害があり,メンタルヘルスの課題を抱える人たちは,必要時に相談につながらず,病状が悪化してやっと強制的に治療につながる場合も少なくない。その要因の一つとして,コミュニケーションの問題により気軽に医療機関を受診できないということも考えられる。またその一方で,支援者の対応により,支援にうまくつながらない結果を招いてしまう可能性もある。そのことを以下のPSWの語りから考えさせられる。

- 「この人,聴覚障害です」と言った時に,私たちは医者じゃないんだから,その診断とか疾患ではねる必要はなくてさ,そのことで何が困ってい

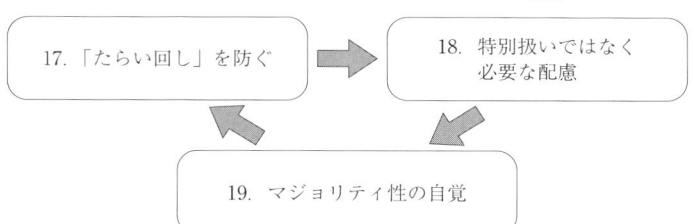

図3-7　カテゴリー6　マイノリティへの配慮

- 17.「たらい回し」を防ぐ
- 18. 特別扱いではなく必要な配慮
- 19. マジョリティ性の自覚

て，この病院のこの機能が必要なのか，やっぱりあの病院のあの機能かもしれないなとか，……あるじゃん。アセスメントっていうものが。みんなそれをしてくれないで，さっさとどけているなと。それは何？　みたいな……。そんな機能別って……。病院の機能別はあるかもしれないけど，ワーカー（ソーシャルワーカー）の機能別相談，そんなものはないでしょうと。相談の一番の重要性は聞いてほしいわけよ。聞いてもらうことで，もしかしたらそのレベルで終われるものだってあるかもしれないし，聞いてもらったということで，安心してそれで次にいける人だっているわけじゃない。そこで聞いてもらえないで「たらい回し」になることが，相談というものに対する抵抗感を生み，次のアクセスに行かなくなり，閉じこもりになり，ってなるわけじゃん。受け止めてもらえたという実感を提供するのが相談の最初の役割だと思うんだよね（A）。

• ラベリングをする前に誰かが出会ってきちんと相談に乗るということをするべきだと思うんだけど。……アセスメントの段階では本当は出会えた方がいいんだよね。それをしないと，いつもどこかで「たらい回し」にされている人になっちゃうわけだよね（A）。

• 最初の相談のところでまだ誰とも出会えてないんだなとか，困っているんだなというのがわかる相談をよく受けるわけじゃない。そこはやっぱり，誰か出会ってあげないといけないんだよね。その絶対出会っている窓口のところで，精神に問題があるからここに来ている，つながったということがあるわけで，そうしたら精神保健福祉士が出会う必要は100％あるじゃんって。必要最低限はあるじゃん（A）。

- 聞こえないからってことを理由に精神障害で受けられるサービスとか受けられなくなるってことだけはやっぱりあっちゃいけないと思うんで，そこであいだにはいるとか，橋渡しをするとか，クッション材になるとか，というところで調整していくところなのかな（L）。

　ここでは，ソーシャルワーカーが所属する組織の中でどのように自らの専門性を保つことができるのかが重要な視点となることがわかる。「たらい回し」状況を作り出さないためにも，ソーシャルワーカーは組織の一員であると同時に専門職である自らの使命を再認識すべきであることを考えさせられる。

　更に言うなら，特殊事例への対応だからこそ，どの専門機関であろうと，PSWはソーシャルワーカーとして，対象者が相談に来たという事実をしっかりと受け止めるという，相談支援の原則論を改めて認識することが重要であるという指摘が上記の語りからは読み取れる。

|概念18|［特別扱いではなく必要な配慮］

　［特別扱いではなく必要な配慮］とは，聞こえにくい人への支援環境の整備が，特別扱いではなく，必要な配慮であり，大前提として必要であることを認識することである。

　聴覚障害と精神障害をあわせもつ人の支援は，時間がかかることが多い。そのことで他のスタッフから特別扱いと思われることがあったとあるPSWは語る。

- 「特別扱い」という言葉で邪魔をされるんですよね。……他のスタッフから。「なぜあの人にだけあなたはそんなにかかわるんですか？」「あなたがそこまでかかわらなくてもいいんじゃないの」「それよりもあなたの周りにはもっと沢山の支援を求めている人たちがいるじゃないの」「なぜ，その人たちにもその人の半分でもいいから，かかわらないの」と言われたりね（B）。

　このような場面で「特別扱い」という言葉に対し，PSWは自らの考え方を提示することで，聴覚障害と精神障害をあわせもつ人への支援の考え方を明確にしていた。

- 私が思っているのは，ベースライン，要求を出してもいいというか，要

求を考えていく，支援を考えていくベースラインというのがあったとしたら，聞こえる人たちはこのベースラインの多少下にいたとしても……聞こえない人というのは，情報もない，訴える人もいない，話を誰に聞いたらいいということを聞くことができないということなので，ベースラインが明らかに違うということは，少なくともここまであげることは特別扱いではないと思っているんですよね（B）。

- 量じゃなくて質的なことで均質性を保ちたいと思っているんですけど，なかなか医療経済で考える，あるいはとっても医学とか数値化したところで物事を考えていくお医者さんとか看護師さんとかにはなかなかそれが伝わらなくって。なんか自己満足でやっているような批判を受けたりとか，「好きやからやってるんやろ」って言われたりとか，そういう批判とかあったんですけど，でもそこを乗り越えないとあかんかなと（B）。

どこまでが必要な配慮で，どこからが特別扱いなのか，PSW は状況により他者に説明できることが必要となる。また，情報保障などの支援の環境調整は，PSW の重要な支援のひとつである。一方，治療上の緊急度によっては介入の優先順位が変わってくることもある。

- 「聞こえない人保護室？　危なくないの？」って飛んで行ったんだよね。そうしたら，ちゃんとモニター使いながらやっぱりそれなりの配慮をしていてくれてて，また何か私ずれたかもしれない，聞こえない人でも命を守る方が大事なのは当たり前で，聞こえなかろうが何だろうが保護室を使わなきゃいけないことってあるよねって思って。……そこでまたいろいろと考えて，なんか私優先が違うなと，何か間違ってるなって，聞こえないことに捉われすぎているなと思ったんだよね（A）。

このように PSW 自身が聞こえないことに捉われすぎて，必要な介入を見落とさないように注意することも必要である。つまり，緊急時の対応では，聴覚障害や精神障害だからということではなく，その時点で誰に対しても必要な治療もある。ただし，普遍性の中にも必要な配慮が出てくるため，その状況に応じた配慮の幅が必要となることがわかる。

|概念19| ［マジョリティ性の自覚］

　［マジョリティ性を意識する］とは，音声言語中心の社会の中で聞こえる自分のマジョリティ性を意識することである．

　聴覚障害者の中でも，ろう者を中心に聴覚障害は障害ではなく言語的マイノリティであると捉える考え方がある．よって，異なる言語文化を持つ人という捉え方から，本人の理解をしていくことも必要となる．そこではPSW自らの立ち位置が問われていた．

- デフコミュニティと難聴のコミュニティと中途失聴のコミュニティというものが多分あると思うし，そこに聞こえるっていうのが対等な立場で入っていけるのかというと，圧倒的なマジョリティにいるという自分達というのを意識しておかないと，マイノリティの人たちなので．そこには今まで受けてきた迫害だとか，差別だったりとか，騙された経験だとか，いろんなものを聞こえない人たちっていうのは持ってはる場面には……ものすごく感じますね．彼らが今まで受けてきたものがあって，埋められないものがある．なので，まず仲間ではないというスタートがもしかしたらあるんかもしれへん（B）．

- ガードがものすごく固く，侵されないように，バリアをはって生きてはる人かもしれない．民族で考えるとわかりやすいかもしれないですよね．それこそ在日の問題だったりとかいうような民族の問題とかね．子どもの頃あんまり見えへんけど大人になってきていろいろ差別に出くわしていって，そういう壁を築いていってる友達とかもいるんですけどね．そういうのと似て非なるものなのかもしれないし（B）．

　このように，他のマイノリティ集団との比較や差別の捉え方などを通して自らの立ち位置を問い直していた．そして，支援関係自体にも潜在的に権力性が潜んでいることを意識せざるを得なくなっていた．

- 対等性というものをこっちが勝手に対等と思うのは失敗してしまうというのは思いますね（B）．

　このように，マイノリティへの配慮を考えていくと，PSW自身のマジョリティ性を認識せざるを得なくなってくる状況がみえてくる．

第3章 PSWによるソーシャルワーク実践

図3-8 カテゴリー7 聞こえにとらわれない

```
20. 原則論に立ち戻る  ⇔  21. 聞こえる人にとっても大切
```

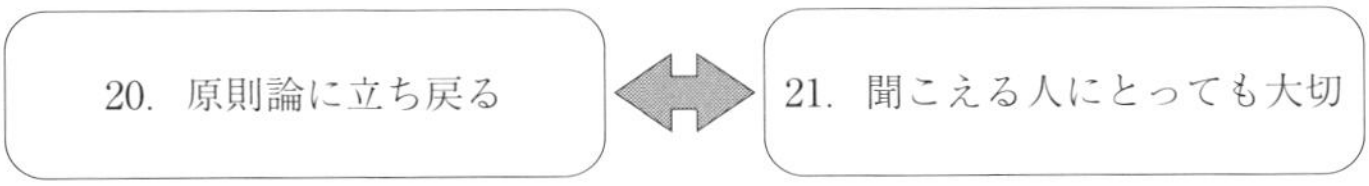

　これら【マイノリティへの配慮】とは，特殊事例であるがゆえに，出会いの場で受け止め［「たらい回し」を防ぐ］ことを念頭に置き，支援の中で［特別扱いではなく必要な配慮］を的確に行うことであった。またPSWが支援において［マジョリティ性の自覚］を意識せざるを得なくなることにつながっていたのである。

カテゴリー7 【聞こえにとらわれない】
　【聞こえにとらわれない】というカテゴリーは，［20. 原則論に立ち戻る］，［21. 聞こえる人にとっても大切］という2つのカテゴリーから構成される（図3-8）。

概念20 ［原則論に立ち戻る］
　［原則論に立ち戻る］とは，分野ごとの支援を特化するのではなく，ソーシャルワークの大原則こそが大切であると認識することである。
　聴覚障害と精神障害をあわせもつ人のように，コミュニケーション障害の方とのかかわりにおいては，当事者主体や人と状況の全体性など，ソーシャルワークの大原則を見直す機会となっていた。

　•聞こえる人へのソーシャルワークがしっかり出来る人であれば，聞こえない人へのソーシャルワークも出来ると思うんですよ。だから，いかに手話通訳ができようと，手話ができていても，ソーシャルワークが出来ない人には，聞こえない人への支援というのは，適切な支援というのは出来ないと思うんですよね。ベースは当然な当たり前に普通な相談支援というのができる力量というのがまず必須で。その上に，いわゆる相手の立場に思いをはせるというのは当たり前に私らがやらなあかんことやけど。こちら側の価値観を押し付けないっていうのは，当たり前な大原則で，多分聞こえない人への支援っていうのも考えられると思うんですけどね（B）。

・本当にわかりあいたいという感じの時に，何を伝わったとか，わかったとかは自分で感じることじゃない。それは納得できるレベルがあるわけじゃない。だから，納得できないことがある時にはもうちょっとそこを探ろうと思うわけだよね。確認しようとか。だから，言葉を重ねようとか，もうちょっと観察してみようとか，考えてみようとか……。それが，ソーシャルワーカーには必要な要素だと思う（A）。

・全体的な問題とか，その中に置かれているその人がこういう状況になってしまった体系とか経過とかを踏まえながら，今何が必要な支援かということを……家族支援してみたり，関係調整してみたり，本人の受容の支援をしてみたり，資源の開発をしたり，つなげたり，というのはまさしくソーシャルワークしていることになるので，なので特別聴覚障害ということはないけれど，だけど，個々の聴覚障害の方たちの背景とか経緯とかだからこう複雑になっちゃったというところは，ひとつずつほぐしながらやっていくことは必要だよね（A）。

これらの語りからは，ソーシャルワークの大前提の上でしか，聴覚障害という特殊な状況下へのソーシャルワークは成立しないことを痛感する。そのためにはPSWの基礎力が絶対条件として必要となることがわかる。聴覚障害，精神障害だからというのではなく，まずはPSWとして大切なことから考えていくことが重要なのである。

|概念21|［聞こえる人にとっても大切］

［聞こえる人にとっても大切］とは，コミュニケーションの取り方やグループワーク時の配慮など，聞こえる人にとってもわかりやすく活用できることを認識することである。

視覚的なコミュニケーションの活用や伝えたことの確認作業など，聴覚障害者への配慮は他の人にとってもわかりやすさにつながっていた。

・本人のこうしたいという確認をしつこくするようになりましたね。その回数が他の人より断然多いかなというのと，ここは共通するかもしれないんだけど，書面にするとか，説明するときに書きながらとか，そういうやり方は精神（障害）だけの人も，聞こえない方でも，大事だなと思って。

目に見える形で残して，一緒に確認しながら（J）。

また，PSW は手話通訳者や要約筆記者など聴覚障害者支援のスタッフによる指摘から聞こえる人にとっても大切なことに気づかされていた。特に，グループ場面では聞こえない人も聞こえる人も共に参加しているため，意識する場となっていた。

- デイケアのときもそうだけど，要約筆記の人が分かるように（グループの）司会もするじゃない。……発言者を指したり，もう一回「こういうことですね」と要約したり……。それは，ある意味，他の人にとっても分かりやすかったんだと思うんだよね（F）。
- 手話通訳の人に（グループに）入ってもらった時に，よく，今何が話されていて，誰にふったのかとか，その人がどういうふうに言ったのかとか聞きとれない場合に，「もう一回言ってもらえるとありがたいです」と（手話通訳者に）言われていたから……。それを意識してするようになったから，結果として他の人にとっても，わかりやすいスピードとか……もう一回繰り返して確認するようになってから，みんなにとっても良かったのかなと思っている（F）。

このように，コミュニケーションを大切にすることは，聴覚障害と精神障害をあわせもつ人に限らず，必要であることに改めて気づかされていることがわかる。耳が聞こえる，言葉でやりとりが出来るということで我々が見落としていることがあるのではないかと考えるきっかけともなっていた。

これら，【聞こえにとらわれない】とは，的確な対象者理解を行うために，普遍性としてソーシャルワークの［原則論に立ち戻る］ことから，［聞こえる人にとっても大切］な要素に PSW が支援の中で気づくことであったのである。

7　複合システムの理解

聴覚障害と精神障害をあわせもつ人への支援行為における対象者理解として，PSW は《複合システムの理解》に至っていた。《複合システムの理解》とは，

聴覚障害者支援と精神障害者支援の支援者同士の【複眼的視点の活用】や，手話やろう者などかかわりにおいて言語文化の違いに気づき【異文化の扉を開く】ことから，支援体制の現状を踏まえ【社会的側面から見渡す】ことにより，社会システムからも対象者理解および支援をとらえていくことである。以下，《複合システムの理解》を構成する各カテゴリーについて，概念ごとにデータに基づき説明していく。

カテゴリー8 【複眼的視点の活用】

【複眼的視点の活用】というカテゴリーは，［22. 他分野の支援者に相談する］，［23. 手話通訳者から学ぶ］という2つの概念から構成される（図3-9）。

|概念22|［他分野の支援者に相談する］

［他分野の支援者に相談する］とは，聴覚障害者分野の支援者や機関と情報や専門知識を相互活用し，つながりを大切にしながら相談していくことである。

聴覚障害と精神障害をあわせもつ人の支援では，聴覚障害者支援，精神障害者支援という，それぞれの専門分野を超えたネットワークが必要になっていた。

- 私たちもベースは精神（障害への支援）なわけじゃない。だから聴覚（障害）の人たちのことをあんまり詳しく専門に知らないというか。で，逆は聴覚（障害）の人（への支援）が専門だから，精神（障害）のことを知らない。その辺をなんだろう，情報の土台が違う人たちだから，知らないことを含めて共有することが最初は難しいかもね（F）。
- 聞こえない人がいて，「どうしたらいいですか？」って，相談できる。たまたま手話通訳の協会に電話できるという，まあ存在を知っているからだろうね（I）。
- （聴覚障害の他の施設とのやりとりについて）いろいろ顔も知ってたし，対応に向こうが困って，こっちもどうすればいいかということをメールで頻繁にやることはできていたし，情報交換という意味ではとてもやりやすかったですね。ただ，やっぱり精神（障害）の分野でやっていると，聴覚（障害）の資源ってあんまり精通してないじゃないですか。私は少なくともそんなに知らないので。……いろんな聴覚の方の生活支援センターとか

図3-9　カテゴリー8　複眼的視点の活用

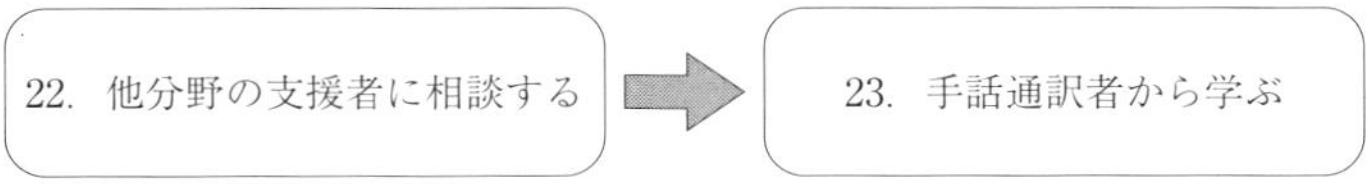

```
┌─────────────────────┐      ┌─────────────────────┐
│ 22. 他分野の支援者に相談する │ ⇒  │ 23. 手話通訳者から学ぶ     │
└─────────────────────┘      └─────────────────────┘
```

にしても，ケースを通して知ったという感じがありますよね（N）。

このように，個別ケースを通して支援者同士が知り合うことで，互いの専門領域についての資源活用が相互にできてきていた。これらは対象者理解のための他領域の支援者との相互コンサルテーションともいえる。

概念23 ［手話通訳者から学ぶ］

［手話通訳者から学ぶ］とは，手話通訳者など他分野の支援者とかかわる中で，聞こえにくいことについての理解や，コミュニケーション方法などを学ぶことである。

支援場面に手話通訳者に入ってもらうことにより，PSWは実際の現場でコミュニケーションについて学ぶことで対象者理解を深める機会となっていた。

- 私は手話通訳が入って自分の中で勉強になったのは，自分が患者さんに語りかけていることの意味が伝わる話し方をできているかどうかを，通訳の使う言葉を見ながら確認していたのね。それは，もちろん自分の言葉を頭の中で確認しながらもう一回振り返ったりできるんだけれど，まあそれは聞こえる人同士でもそうだよね。……でも，それを聞こえない人の場合はわかりにくいので，言葉が違うので。例えば今「死ぬ」というのを私がやったのを，手話では「バタッと死ぬ」ってやったよな，とか。でもそれだと今自殺の話とか，殺人の話とか……死ぬでも全然違うよね。漢字だと換えられることもあるわけじゃないですか，それを手話だとどうするんだろうと。どういう意味で伝わっているのかなと考える意味ではすごく面白かった。勉強になったけどね（A）。

- （手話通訳者から）いろいろ教えてもらいましたね。できるだけ具体的に言わないとだめというか，例えば僕が注意されたのは「困ったことがあったら言ってくださいね」と言ったら，通訳さんから「困ったことを具体的に聞かないとわからないよ」と注意はされましたね（D）。

- やっぱり聞こえない人ってたくさん人がいる中でどこから音がくるかということがないわけだから……（手話通訳者からの）「司会はちゃんと名前言ってね」「〇〇さんって言ってね」とかいう話はすごく意識したし，勉強になった（A）。
- 私自身がものすごく学んだことは，文章を見てて「てにをは」が違うのは十分理解できていたんだけど，手話もそうだよなと経験的に理解していくわけね。つまり，日本語の手話じゃないのね。日本語対応手話とろうの手話があるわけじゃないですか。……私なんかどちらかというと手話をやろうとすると，「私はここに来ました」というようなことをやろうとするんだけど，違うじゃないですか。……翻訳して言ってますよね通訳は。その指文字でやっているわけじゃないから，それにフィットする手話言語を引っ張り出して使うわけですよね（A）。

このように PSW が聴覚障害者領域の専門家としての手話通訳者からのアドバイスや，媒介者としての手話通訳者の存在そのものを通して勉強していく姿がみられたのである。手話通訳者から学ぶ姿勢が，コミュニケーション方法などを学ぶ機会となり，対象者理解も深まっていたのである。これらは他分野の支援者との連携や協働にもつながり，連携・協働を通した対象者理解ともいえる。

　これら，【複眼的視点の活用】とは，精神保健福祉領域の現場において聴覚障害者支援を専門とする［他分野の支援者に相談する］ことを意識して行い，特に伝え方について［手話通訳者から学ぶ］ことで，対象者理解を深めていくことであった。

カテゴリー9【異文化の扉を開く】
【異文化の扉を開く】というカテゴリーは，［24. 未知の世界を知る］，［25. 言語文化の違いを認識する］という2つの概念から構成される（図3-10）。

概念24 ［未知の世界を知る］
　［未知の世界を知る］とは，手話を知ることで違う言語文化の世界を知るう

図3-10　カテゴリー9　異文化の扉を開く

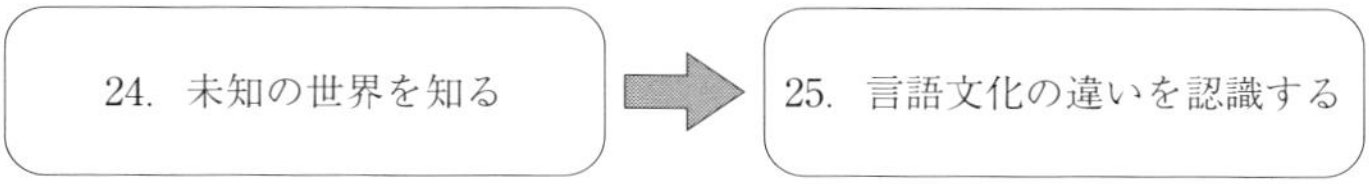

```
┌─────────────────────┐         ┌─────────────────────────┐
│ 24. 未知の世界を知る │  ──▶    │ 25. 言語文化の違いを認識する │
└─────────────────────┘         └─────────────────────────┘
```

れしさや楽しさを感じることである。

　PSW自身が手話を習得することで，未知の文化に入っていける楽しさを感じていた。このことは，相手の世界に入っていくこと，そこから理解を深めていくきっかけともなっていた。

　　・手話を知ったことで，急に言語が増えた感じかな。自分の世界とまた違う世界を知って，なんか，こういうことがあるんだって……妙にはまっちゃったね。はまるというと変だけど，手話を覚えて，通じることがすごくうれしかったんだよね。……○さんとのやりとりがすごく楽しかったし，手話を通して○さんという人を知ったし，私を知ってもらったし。すごく手話を通して自分も価値観がすごい変わったし，興味も持てたし，本当に不思議なくらい（F）。

　　・○さんと話せて，通じあえて，嬉しいというか，単純な感じ。こういうふうにわかりあえるんだという……（F）。

　　・（手話を学んで）やっぱり未知の文化とか，入っていける楽しさとか，今までわからなかったことがわかるような手段を得ることができるということでは，外国語も手話も似てましたよね。そういう意味では楽しかったですよね。そして，仕事の中で少しでもというのもあったので，そういう意味では学んでよかったなと思うんですよね（N）。

　このように，かかわりの中でPSW自身が「よかった」「楽しい」と思える感性は，理解の促進ともなり支援を展開していく促進力となる。また，外国語を学ぶように手話を捉える視点からは，手話を言語として認識し，手話を習得することでその背景にある文化にも焦点をあてることにもつながっていた。

|概念25|　[言語文化の違いを認識する]

　［言語文化の違いを認識する］とは，聞こえの違いを，言語文化の違いとして捉えることである。

ろう文化，聞こえない人たちの文化を理解していくことで，多くのPSWが自らの文化も改めて理解し意識していた。

　・聞こえる私たちの文化を押し付けない。彼らには彼らの文化なり，彼らの生き方なりがあって，彼らの生活歴とか背景とか教育歴とか，その中から出てくる色んな「何でも「うん」って言ってしまう」とか「0か100かの思考に近い」とか書かれたりするじゃないですか。それも，特性という捉え方じゃなくて，そんな風に見えてるだけで，うちらの文化から見てるとそう見えてるだけで，彼らの中ではそうじゃないかもしれへんっていうのを，自分の価値観じゃない価値観でその人を見ていくというソーシャルワークの原点がしっかりしてれば，いけるはず（B）。

　・バイリンガリズムみたいなところが入って，異文化の中で生きている自分がいて，というところで，お互いの文化圏を行ったり来たりできるといいと思って。私らだってね，行ったり来たり，ろう文化に近づきたいと思ったり，行ったり来たりしたいなと思うけどね。同じような違う文化圏をお互いに楽しめるような，行ったり来たりできるように出来るといいのにね（B）。

　・やっぱり文化が違う。アメリカの人，英語圏の人とかかわるくらいの勢いでやらないと，見た目は日本人だし，会話も日本語だけど，文化と言葉の使い方が違うし，捉え方もこっちが努力しないと相手には伝わらないなと。やっぱり外国語と同じように日本語の手話は違うなと思いますね。重複というよりは，聴覚の人を支えたり考えたりする時には結構大きいかもしれないですね（C）。

　・聞こえない人の文化と聞こえる人の文化のちょうど合間に，谷間に挟まっちゃってる気がするんですね（C）。

　・あっちから見て私たちも障害者のような……。わかる？　いろんな表現手段を通じて重なり合って獲得していく情緒的なところだったり，処理能力だったりが，こっちから見て何か浅はかに見えちゃうのは，何かそういう結果としてのこっちの文化からすると発展しないところが，あっちも逆にこっちにそう思うのかなって聞いてみたいことがある。たとえば彼らが

見てわかることが，私たちにはわからないことがあるかもしれないとか。彼ら同士だったらわかるのかなとか（P）。
- 英語と日本語の違いみたいな。ひとつのことを表す言葉は日本語はいっぱいあって，ニュアンスとかでこういうこととかっていうやりとりが普通に話せばできるけど，それができなくて，例えば「怒ってる」「どうして？」とか，そういうのはわかっても，どの程度怒ってて，なんて言うのかな，微妙な殴りたいくらい怒ってるとか，そういうニュアンスがわかりにくい（F）。

このように，大前提として互いの違いを認識し，「ことば」を言語文化というマクロ的視点から捉えることで，個々の世界観や価値観など独自性を見出すことにつながっていたのである。その意味でも，聴覚障害と精神障害をあわせもつ人とのコミュニケーションを異文化コミュニケーションとして考えていくことが重要であることがわかる。

これら【異文化の扉を開く】とは，聴覚障害と精神障害をあわせもつ人とのかかわりの中で手話を覚え［未知の世界を知る］ことや，互いの［言語文化の違いを認識する］ことであった。

カテゴリー10【社会的側面から見渡す】

【社会的側面から見渡す】というカテゴリーは，［26. 医療体制の限界を見据える］，［27. 更なる困難さの危惧］という2つの概念から構成される（図3-11）。

概念26 ［医療体制の限界を見据える］

［医療体制の限界を見据える］とは，医療経済的視点からの社会の仕組みや，組織の経営問題，特徴など，医療システムを中心に外的要因から支援を見ていく視点を持つことである。

支援の背景には必ず支援環境が存在する。聴覚障害と精神障害をあわせもつ人を含め，支援領域において少数事例として扱われるマイノリティとされる人への支援では，組織や機関の考え方が大きく影響を及ぼしていた。

図3-11　カテゴリー10　社会的側面から見渡す

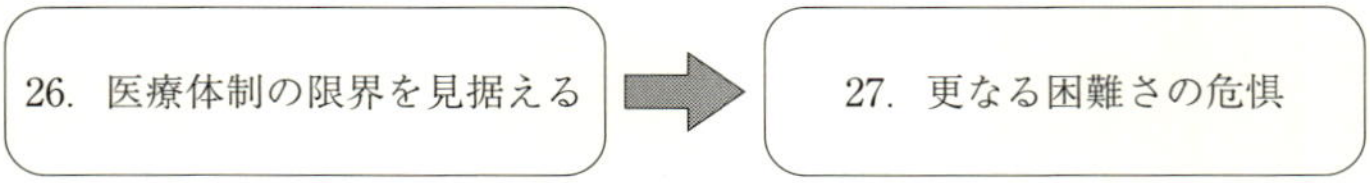

```
┌─────────────────────┐      ┌─────────────────────┐
│ 26. 医療体制の限界を見据える │ ───▶ │ 27. 更なる困難さの危惧 │
└─────────────────────┘      └─────────────────────┘
```

- ○病院だからだと思うんですよ。ここだから，やっていたことの相対性のなかでそうなったんだと思うんだよね。（病院の）考え方とかさ，蓄積とかさ，あるわけだよね。……そのことも大きいんだと思うよ（A）。

このように，先駆的に聴覚障害者の受け入れを行っている組織はどのような考え方を持っているのかを知ることで，どのような条件が整えば聴覚障害者が医療機関を利用しやすくなるかについて考えていく材料になる。また，組織は医療経済体制を踏まえた経営面に多大な影響を受ける。そこからは制度上の課題も浮かび上がっていた。

- 聴覚障害者外来は他の外来とか入院があるからもってるけど，単独事業としては成り立たないですよね。一人30分，1時間というのを，初診だけじゃなくて，再診の人も全てその時間枠をとってやっていくような診療所はないでしょ。医者だけじゃなくて，周りの人たちも手話を習熟した人たちを集めて，やるってことはコスト的に考えたって全体的に無理があるんですよね。大上段で構えるならば，今の医療体系をこういう専門外来でやっていくということに対しては厳しいかもしれない（B）。
- 一か所に集まったら，コストパフォーマンス悪いので，しんどくなる。事業所もしんどくなる，先生もしんどくなる。それが，色んなところでどこででも通訳さんと一緒に行けるように，今，内科の診療所とかは通訳さんと一緒に好きなところに行ってはりますよね。そういうことが普通に出来て行政もしっかりサポートできる形ができればいいんですけど。社会の側をね，どうするか（B）。

このように，医療体系などから社会全体を見る視点も，対象者理解を深めていくには必要な要素となる。

概念27　[更なる困難さの危惧]

[更なる困難さの危惧] とは，聴覚障害，精神障害に加え，高齢化に伴う課

題など，生活上の多重な困難さの増幅に危惧を感じることである．

聴覚障害と精神障害をあわせもつ人にも高齢化の問題は例外なく生じてくる．そこでは，コミュニケーションの困難さの複合化のみならず，身体的，社会的な要素も考えられていた．

・精神障害と聴覚障害というのは非常に大きい部分でね。日常生活の中で物事が伝わらなかったり，それがきっかけで病状を崩したりしやすいんだけど。更に高齢とか，要介護状態とか，単身生活とか状況が重なってくると，本当に普段の命をどう守ってあげようかというのが当然出てくるんだよね（H）。

聴覚障害と精神障害という重複障害に加え，他の身体疾患や要介護状態，多問題の重なりにより複合的な障害を抱える人たちは，確実に増加している．聴覚障害や精神障害をもっている人については，重層的・複合的な問題が重なってくるとよりコミュニケーションのあり方が問われてくるのである．

・問題は重層的に複合的に重なってるので，通訳つければすむとか，グループに入ったらすむとか，話の内容がわかったらすむとか，そういった簡単な内容ではない，そういう気がしますね。そこもコミュニケーションですよね（B）。

このように，コミュニケーションを軸にしながらも，より幅広い視点から複合化した問題への支援策が求められている．同時に，PSWの状況を把握し関係性の中で今後を予測する力も対象者理解のためには重要となっていたのである．

これら，【社会的側面から見渡す】とは，聴覚障害と精神障害をあわせもつ人を取り巻く支援環境の中でも［医療体制の限界を見据える］ことから，広く精神保健福祉を軸に高齢化の問題などを踏まえ［更なる困難さの危惧］を予測していくことになっていたのである．

本章では，PSWへのインタビュー調査をM-GTAにより分析し，「PSWによる聴覚障害と精神障害をあわせもつ人への支援行為における対象者理解のプ

ロセス」を示した。調査結果からは，聴覚障害と精神障害をあわせもつ人とのかかわりにおいて，PSWは支援を展開しながら対象者理解を深めていることがわかった。そこでは，PSWが《感覚コミュニケーションの探究》を行いながら，《行動密着支援》として意図的に利用者と行動を共にしながら支援を展開する中で，聴覚障害と精神障害をあわせもつ人の支援における《特殊性と普遍性の認識》を行い，支援環境を含めた《複合システムの理解》に至るという幅広い対象者理解のプロセスがみられたのである。

そしてこの調査結果から，「感覚・知覚」「行動」「認識」「システム」というキーワードが浮かび上がってきた。次章ではこれら四つのキーワードを支援における視点として取り上げ，聴覚障害と精神障害をあわせもつ人の支援について考察していく。

注
(1) 第2章の文献調査で調査対象とした「聴障者精神保健研究集会報告書」にはPSWによる事例を中心とする実践報告が15本あった。また，日本精神保健福祉学会（現・日本精神保健福祉士学会）でも，近年聴覚障害に関連する発表がされているが，事例による実践報告が中心である。
(2) グラウンデッド・セオリー・アプローチは現在四つのタイプ（①グレーザー版，②ストラウス版，③ストラウス・コービン版，④修正ストラウス・グレーザー版）に分かれ，それぞれに特徴があり分析方法にも相違がある（三毛 2002）。④の修正ストラウス・グレーザー版，いわゆる修正版グラウンデッド・セオリー・アプローチである（木下 1999; 2003）。
(3) 広辞苑（第六版）によると，「行為」とは「狭義では，明らかな目的観念または動機を有し，思慮・選択・決心を経て意識的に行われる意志的動作」とされている。（新村編 2008: 924）
(4) M-GTA研究会（実践的グラウンデッド・セオリー研究会）とは，質的研究の方法論である修正版グラウンデッド・セオリー・アプローチを活用して研究を行う人たちの集まりである。立教大学を中心に定期的に研究会を開催している。

第4章

四つの視点からみる支援行為

本章では，前章での調査結果を踏まえ，聴覚障害と精神障害をあわせもつ人の支援において重要であると考えられた四つの視点（①感覚・知覚，②行動，③認識，④システム）から考察していく。

1　感覚・知覚の活用

聴覚障害と精神障害をあわせもつ人の支援では，対象者理解の第一歩として支援者自身が自らの感覚を意識し，活用していることが調査結果からみえてきた。一つ目の視点として支援者の感覚・知覚と支援行為の関係に焦点をあて考察していく。

視覚に焦点化

聴覚障害と精神障害をあわせもつ人の支援では，支援者が自らの感覚を研ぎ澄まし，その中でも特に視覚に焦点化して支援を展開していた。それは，支援者が利用者の感覚だけではなく，自らの感覚を意識せざるを得ない状況が発生していたことを意味している。支援者は支援の出発点として，目の前にいる利用者と向き合い，まずはありのままに印象を受け取ることが重要となる。そのためには，自らの全ての感覚を駆使する必要がある。五感の中でも多彩で精緻な情報のやり取りを可能にしているのが，視覚と聴覚である（斉藤ら 1999）。このことから考えると，PSW が視覚のみに焦点化していたことは特徴的な現象である。この現象はかかわりの中で支援者が利用者から影響を受けた結果といえるのではないだろうか。つまり，一度は全感覚を駆使し利用者と向き合った後に，利用者に精神障害のみならず聴覚障害があるということで，支援者が

意識的に自らの聴覚は使わず，視覚に集中したものと考えられる。ここに，利用者と支援者の感覚による交互作用が見て取れる。

知覚による推測

　聴覚障害と精神障害をあわせもつ人の支援では，知覚による推測がより重視されていた。それは，聴覚障害も精神障害も目に見えにくい障害であるという共通の特性によると考えられる。支援者は利用者との直接的なかかわりを通して得た情報の上で，自らの経験や知識としての情報を活用する。かかわりによる情報のみでも，経験や知識による情報のみでも的確な推測はできない。このことを知覚の概念をもとに考えると，かかわりによる情報は印象であり，経験や知識による情報は観念と捉えることができる。知覚において印象は観念に影響を与える（Norton and Norton 2007；依田 2004）ことから，印象から観念への流れは重要である。この順番を間違えると，経験や知識が先入観として支援におけるバイアスとなり，的確な対象者理解の流れを妨げてしまうと考えられるからである。逆に言うと，出会いの場でまず印象を重視し，自らの感覚を駆使した上で，経験や知識を踏まえた観念を活用することは，対象者理解を深めることにつながるのである。この知覚の活用の前提として必要となるのは，PSWが印象と観念を区別して意識することである。そして，経験や知識は頼るものではなく，あくまでも活用するためのものであることを，支援者は認識しておく必要がある。

見守りと精神症状との絡み

　【感覚を意識する】ことを構成する概念には，PSWによる支援行為として［見守りの留意点に気づく］ことが含まれていた。これは，聴覚障害と精神障害をあわせもつ人の支援において特徴的な支援行為である。それは，聴覚障害と精神障害をあわせもつからこその，見守りと精神症状との絡みがみられるからである。聴覚障害をもつと視覚情報に敏感となり，他人の表情の微妙な変化も捉えやすく，自分の感情に結びつきやすくなる（藤田 2008）といわれている。更に精神障害をあわせもつ場合は，そこから派生する精神症状があることを認

識しておかなくてはならない。例えば，利用者が人から見られていることに被害的となり，常に誰かに見られているのではないかと妄想的になる場合がある。そこには，感覚機能と精神症状の関係性と，利用者と支援者の関係性という二重の交互作用による循環がみられる。

　この具体例を前章の調査におけるPSWの語りの中からみていく。利用者の精神症状が悪化していると考えられるとき，PSWは意識的に見守りを強化する。すると，敏感になっている利用者はPSWの視線を強い印象として捉え，「ずっと見られている」と被害的になり，観念は妄想に発展する。すると，利用者は険しい表情でPSWを見始める。PSWは他職種にも観察情報を伝えることにより，その悪循環は利用者とPSWを含めたスタッフ集団に発展する。ここには「見る─見られる関係」の悪循環が発生していることがわかる。これらのことは，PSWが［視覚を研ぎ澄ます］ことへの留意点として念頭に入れておかなければならない。それは，支援者が観察時に自らの視覚に集中してしまうことにより，利用者の視覚に与える影響を強めてしまうことにもなるからである。

　対人援助の現場において，「みる」行為は幅広く支援に活用されている。それらは基本的に「観る」「診る」「看る」「視る」「見立てる」「見極める」「見守る」など，支援者側からの「みる」行為として表記される。しかし，実際の支援では一方的な「みる」行為ではなく，支援者と利用者との間に「見る─見られる関係」という交互作用関係が強くあることの認識が必要である。この［見守りの留意点に気づく］ことは【感覚を意識する】という中でも，特に聴覚障害と精神障害をあわせもつ人の支援に特徴的な対象者理解のプロセスとして，重要な位置を占めていたのである。

　　感覚を伝えることの難しさ
　これらを総合的に考えると，【感覚を意識する】とは，支援者が障害のわかりにくさという困難性に対処している姿にも見えてくる。聞こえの程度のみならず感覚を他者に的確に説明し，理解してもらうのは難しい。聴覚障害の種類によっては，相手の音量や声質，会話の場所，自らの体調などによって変動が

あれば尚更である。加えて，精神症状にも変動があることで，利用者自身も自らの障害把握が難しい状況に陥っていることも考えられる。そこでは，支援者が自らの感覚を意識し，相手の感覚を感知しようと努力している姿が見えてくる。今，目の前にいる利用者に何が起きているのか，どのような困難さを抱えているのか，視覚を中心に感覚を総動員し観察しているのである。そして，感知した感覚に，精神症状と聴覚障害者のコミュニケーションに関する知識を中心とした専門性を加え，聞こえにくさや生活のしづらさを観察から推測しているのである。更に，観察により推測したことは，行為によるコミュニケーションを通した確認が必要となっていく。このことは利用者と支援者が向き合い，感覚を探り合いながら支援関係を形成している作業といえる。

　従来，感覚機能に障害がある人の支援では，利用者の感覚特性に焦点があてられる傾向があった。しかし，実は支援者も自らの感覚をより意識し，利用者との感覚同士の交互作用の中で，支援を展開していたのである。このように，聴覚障害と精神障害をあわせもつ人の支援プロセスの初期段階では，感覚の交互作用を集約した【感覚を意識する】という支援行為が重要なのである。

2　協働的なかかわり行動

　聴覚障害と精神障害をあわせもつ人の支援では，感覚で捉え推測したことを，対話を通したかかわりに発展させ，確認していく作業の重要性が調査結果からみえてきた。二つ目の視点として，コミュニケーションとしての行動に焦点をあて考察を行う。

コミュニケーションの円環的プロセス

　聴覚障害と精神障害をあわせもつ人の支援では【関係に焦点化】したコミュニケーションの円環的プロセスが見られた。まず人と人との［やりとりの観察］が支援展開のスタート地点となる。そこでは，利用者本人のみに焦点をあてるのではなく，利用者と他者との間で展開されるコミュニケーションに注目していた。つまり，観察対象は個人ではなく，コミュニケーション現象として

の関係や，人と人との間に焦点があてられていたのである。ここでの関係や間の観察とは，人の五感すべてを使い，第六感まで含めて行う行為（福山 2007）であり，言語・非言語を含めそこに流れる情緒や，漂う雰囲気も含めての観察であると考える。このことは【感覚を意識する】プロセスとも関連してくる。この観察を通し PSW はコミュニケーション手段とかかわりの糸口を探っていたのである。

　実際のかかわり場面では，場や状況を把握しながら［試行錯誤による調整］により，PSW 自身が自己を活用しながらコミュニケーションの見立てを行っていた。つまり，支援者自らの声の大きさや本人と会話する際の位置，筆談や手話などを活用し，どのコミュニケーション手段が適しているのか試行錯誤による調整を行っていたのである。そのためには，利用者の対人関係パターンの把握を含め［やりとりの観察］が，的確なコミュニケーション手段を見出す指標となっていた。ここでも支援者と利用者の交互作用を見出すことができる。更に，この調整段階では聴覚機能やコミュニケーション手段についての専門知識が支援者に求められていた。

　その後のやりとりでは，［伝えたことを見届ける］ことが重要な視点となる。これはコミュニケーションとは情報を伝達することで終わるのではなく，理解まで含んだプロセス（Luhman 1984 = 1993）という対人コミュニケーションの原則論ともいえる。まさに［伝えたことを見届ける］とは，コミュニケーションの確認や点検といえ，機能的なコミュニケーションのためのフィードバックを求めること（Satir 1964 = 1970）でもある。

　そして，コミュニケーションの観察，調整，確認・点検のプロセスを経て，［何気ない会話の意識化］に至るのである。この［何気ない会話の意識化］ができるようになると，更に［やりとりの観察］が精緻となってくる。このように【関係に焦点化】したコミュニケーションには，円環的プロセスが見られる。このプロセスを意識し支援展開に活用していくことが，支援関係のみならず，対象者理解も深めていくことになるのである。

「間」で生じるコミュニケーション

　これら【関係に焦点化】のプロセスの一つひとつの概念は，対人コミュニケーション全般にいわれていることでもある。ここでは聴覚障害と精神障害をあわせもつ人の支援において，対人コミュニケーションをどのように捉えるかを再度考えておく。対人コミュニケーションは，人と人との関係性とコミュニケーションにより成り立つ。コミュニケーションは関係性の表現であり，同時に関係性がコミュニケーションを規定する（得津 2003）といわれ，関係性とコミュニケーションは相互関係にあるといえる。そして，この関係性とコミュニケーションはどちらも「間」で生じる現象である。ここでは，対人コミュニケーションを「間」で生じる現象として強調しておきたい。

　つまり，コミュニケーションの観察とは二人以上の人たちの「間」で繰り広げられている［やりとりの観察］である。コミュニケーションの調整とは，二人以上の人たちがいる「間」で行われる［試行錯誤による調整］である。［伝えたことを見届ける］というコミュニケーションの確認・点検も，双方の「間」で行き来するメッセージの流れを追っていく作業である。そして，［何気ない会話の意識化］とは，そこにいることを共有するという「間」を意識することに他ならない。ここでは目に見えない「間」を意識した観察力と確認力がPSWに問われているのである。

　このように「間」に焦点をあてた支援行為において，【関係に焦点化】するプロセスを構成する各概念が影響を受け合っている。聴覚障害と精神障害のように，見えにくい，わかりにくい障害をあわせもつ人の支援では，あえて見えにくさ，わかりにくさに焦点を当て，コミュニケーションの円環的なプロセスを繰り返すことが重要なのである。

すべての言動がメッセージ

　【関係に焦点化】するプロセスは，言語・非言語表現を含めすべてのメッセージを改めて「ことば」として再定義していく【ことばに向き合う】プロセスと交互作用としての多重構造がみられた。それは，対人関係に焦点化していくと，コミュニケーションの核となるメッセージ伝達手段としての「ことば」が

浮上してくるからである。

　コミュニケーションの側面からことばをみていくと，言葉は意味や概念を指す記号ではなく，言葉を発する人間の関係にある（佐藤 2004）ことがわかる。聴覚障害と精神障害をあわせもつ人の支援では，このことばとコミュニケーションの関係について改めて考えさせられることになる。

　まず，支援においてコミュニケーションの齟齬が生じたとき，単純に音声言語と手話といった言語の違いの問題と捉えるのではなく，更に一歩踏み込み，言葉のどの部分が異なるのかを考え，［解釈の違いに気づく］ことが重要なポイントになる。このことはSatir（1964＝1970）がコミュニケーションにおいて，言葉の意味の側面を捉える重要性を強調していることとも重なる。具体的な事物に関して，言葉と意味は直結しやすく共通認識をもちやすい。しかし，抽象的な感覚や思考や認知においては，そこに各々の解釈が含まれるため，齟齬が生じやすくなる。この各々の解釈の確認も含め【ことばに向き合う】作業は重要になる。また，手話を言語学的に考えていくと，利用者の言語獲得のプロセスを探っていくことが［解釈の違いに気づく］ヒントになってくるのである。

　コミュニケーションには言語コミュニケーションと非言語コミュニケーションがあることは周知の事実であるが，聴覚障害と精神障害をあわせもつ人の支援では，特に非言語表現の捉え方が重要となってくる。それは，聴覚に障害があることで情報収集における視覚の比重が高くなることに加え，聴覚障害者は相手の表情からニュアンスを読み取ることが巧みである（神田 2010）ことによると考えられる。より正確に言うなら，生きていくために巧みにならざるを得なかったというべきであろう。よって，支援においては［非言語表現への気配り］が重要となるのである。

　つまり，利用者が言語・非言語を含めすべての言動をメッセージと捉える傾向があることを意識し，支援者も同様に利用者のすべての言動をメッセージとして捉えることで，対象者理解が促進されていくのである。そこには利用者と支援者の影響を与えあう関係がみられる。かかわりを通し，表現される言動を支援行為として新たな「ことば」として再定義していくことで，利用者の自己表現によるメッセージを幅広く捉えることができるようになるのである。

暴力行為の捉え方

　非言語表現の重要性を考えていくと，支援場面で時に遭遇する利用者の暴力行為も自己表現として捉えていいのだろうかという疑問が生じてくる。暴力は一般的には許されない行為である。支援では暴力に至らないためのコミュニケーションのあり方を考えていくことが大前提である。しかし，残念ながら暴力に至ってしまった場合，PSWとして利用者による暴力の意味を逃げずに考える姿勢が求められる。

　支援場面における［暴力について考える］とき，どうしても支援関係に焦点をあてて考える傾向がある。しかし，そうすると関係性というブラックボックスの中ですべて包含して真実が見えなくしてしまうことがある。よって，暴力を当事者が陥る危機のあらわれであり（包括的暴力防止プログラム認定委員会編2005），言葉になりにくいメッセージの表出（井上 2009）として，コミュニケーションを軸に捉え直してみる。すると，一見衝動的で無意味に見えるような暴力の中にも意外に複雑なメッセージが潜んでいる場合がある（井上 2009）ことが，前章のPSWの語りからも読み取ることができる。聴覚障害と精神障害をあわせもつ人の場合，その場での咄嗟の感情を他者にわかりやすく表現することは難しいことが多い。その際に，非言語表現として，暴力という形になってしまうのではないだろか。聴覚障害と精神障害をあわせもつ人の支援では，暴力の背景にある，言葉になりにくい複雑なメッセージを，コミュニケーションにより浮上させ，ことばとして再定義していくことが，次なる支援へ展開する契機となっていく。つまり，利用者の暴力とコミュニケーションは非常に近い互換性があることがわかる。そして，暴力後のかかわりこそ聴覚障害と精神障害をあわせもつ人の支援では重要になってくるのである。

　繰り返しになるが，だからと言って暴力が許されるわけではない。リスクマネジメント的視点も含め考えるならば，暴力に至らないようなコミュニケーションのあり方を考えることが必須である。そのためには，日常のコミュニケーションの中で，非言語表現をことばとして捉え直し，適切なメッセージの表出方法への支援につなげていけるような，【ことばに向き合う】プロセスが重要になってくるのである。

第4章　四つの視点からみる支援行為

ことばの再定義と創造への支援

　［暴力について考える］ことは，すべての［言動に意味を見出す］作業につながっていく。市川（2002）は手話通訳者の立場から，聴覚障害と精神障害をあわせもつ人の支援では，対象者個々に合わせた手話表現を模索する中で，つき合いながらその人の背景がわかり，その人が表出している表現や形が意味付けされていくことがあると述べている。このことは，まさにかかわりながら［言動に意味を見出す］という概念と類似する。

　聴覚障害と精神障害をあわせもつ人の場合，言語で感情や考えなどを表現することに困難さを伴うことが多い。だからこそ，表出する自己表現の一つひとつに，その人の価値観や人生観，世界観が集約されたメッセージが含まれていると考えられる。前章の調査でもPSWは支援においてその人の生活や人生について利用者と共に考える中で，その人の表現する「ことば」の意味を徐々に理解していた。また，「ことば」の背景にはどのようなその人固有の生活や人生があるのだろうかと考えていた。このように支援者が言語・非言語含めた「ことば」を大切にする姿勢は，聴覚障害と精神障害をあわせもつ人の支援では特に重要視される必要がある。

　そして，一つひとつの表現に含まれる［言動に意味を見出す］ことは［解釈の違いに気づく］ことにもつながり，利用者と支援者双方が【ことばに向き合う】ことが，対象者理解のためのプロセスとなっていたのである。更に，利用者の言動をすべて「ことば」として再定義していくプロセスは，利用者と支援者によって「ことば」を創り出す作業でもあり，そこには対人コミュニケーションの要素が含まれていた。このことからも【ことばに向き合う】ことと【関係に焦点化】することの間には関連性があることがわかる。

　聴覚障害と精神障害をあわせもつ人の支援における【ことばに向き合う】プロセスとは，かかわりを通してその人にとっての「ことば」とは何かを探り，共に再定義していくという具体的な支援行為なのである。特に今まで実践現場では多くのエピソードがありながら，支援プロセスにおいては提示されてこなかった支援における［暴力について考える］語りが得られ，ことばの再定義としてコミュニケーションの視点から暴力を捉え直し，【ことばに向き合う】プ

ロセスに組み込んだことの意義は大きいと考える。

行動による視覚的コミュニケーション

　ここまでは，支援におけるコミュニケーションとして，言語的，非言語的表現を中心に述べてきた。聴覚障害と精神障害をあわせもつ人の支援では，更に支援行為自体が対象者理解のためのコミュニケーション手段となり得ることもわかった。つまり，かかわりながら理解を深めるという《行動密着支援》である。それは，行動を見せることを意識した視覚的コミュニケーションともいえる。ここには二つの要素がある。かかわりながらじっくり支援の基盤を築く持続的かかわりと，瞬時にタイミングを見ながら動いていく即時的かかわりである。この二つの要素を含め，前章の調査では行動レベルとしての支援におけるかかわり方の関連性がみられた。

　「持続的かかわり」とは，［視野に入れてもらう努力］を［手話の副次的活用］を行いながら，［時間がかかる］が［時間をかける］ことで，【かかわりの基盤を築く】ことである。これは，支援関係づくりを目的とした支援行為における対象者理解のプロセスである。一方，「即時的かかわり」とは，状況に応じて［「今，ここで」の対応］を行うことや，視覚的に［行動で伝える］という【行動コミュニケーション】のことである。これは，課題解決を重視した支援行為による対象者理解のプロセスである。

　ここでは，かかわりを利用者と支援者の相互行為によるコミュニケーションとして捉えていくことで，持続的かかわりと即時的かかわりの関連性についてみていく。支援者のかかわりをコミュニケーション的な要素から捉えると，利用者と支援者双方が「今，ここで」感じていることを伝えあいながら，互いのリアリティを共有するプロセス（岩本 2002）であるといえる。この定義からは「今，ここで」の即時的かかわりと，共有するプロセスとしての持続的かかわりが，相互に影響を受け交互作用を起こすことでコミュニケーションとしてのかかわりは形成されていくことがわかる。

　また，持続的かかわりとして，【かかわりの基盤を築く】中で，とことんつき合い向き合う関係を作っていくことが，即時的かかわりとしての危機介入で

のPSWの判断力に直結することになる。つまり【かかわりの基盤を築く】ことで，効果的な【行動コミュニケーション】が可能になると考える。また，即時的かかわりとしての【行動コミュニケーション】が効果的に行われることにより，関係を重視したコミュニケーションが有効に働き，持続的なかかわりが可能になるのである。このように【行動コミュニケーション】は，課題解決のみならず，関係づくりを含んだ特徴的なかかわりであるといえる。

　メタコミュニケーションの活用
　《行動密着支援》で重要なのは，支援者がメタコミュニケーションの視点を持ち活用することである。メタコミュニケーションの活用について，聴覚障害と精神障害をあわせもつ人の支援で特徴的な［手話の副次的活用］を説明する。支援でまず大切なことは，支援者が利用者自身に関心があること，理解していきたいという思いを何らかの形で伝えることである。利用者が手話を第一言語とする場合，利用者への想いや関心を伝えるひとつの手段として手話を活用することができる。これは内容よりも関係を重視したメタコミュニケーションともいえ，あえて行う支援といえる。ここが聴覚障害と精神障害をあわせもつ人の支援における特徴的なかかわり方である。
　即時的かかわりについても，その場の対応の必要性としての行動とも考えられるが，これらを【行動コミュニケーション】として捉えることがポイントとなる。繰り返しになるが，支援者は行動自体を関係づくりを目的としたメタレベルでのコミュニケーションの活用として捉えていくことが重要なのである。
　ここでのコミュニケーションとは，単なる言語，非言語の区分ではなく，言語・非言語を包括した利用者と支援者のかかわりとしての【行動コミュニケーション】であり，支援におけるひとつのコミュニケーション方法として活用できるのである。また，いわゆるかかわりという行為をコミュニケーションとの関連性から行動レベルに落とし込み，《行動密着支援》という支援行為として活用していくことがポイントとなる。つまり，聴覚障害と精神障害をあわせもつ人の支援では，具体的な行動内容以上に，どのように行動するかという支援者の立ち振る舞いや関係性を重視したコミュニケーションが重要なのである。

メタコミュニケーションの視点からとらえると，支援者の試行錯誤による支援行為も【行動コミュニケーション】として活用できる。支援者が試行錯誤していることを，あえて利用者に伝えることが支援におけるコミュニケーションとなるのである。ここで重要なのは，言語以外のメッセージは最終的に言語レベルで伝えてこそ意味をなしていくことである。このことは，人間は言語的なメタコミュニケーションを送ることができる（Satir 1964＝1970）という特徴を活かしたものである。つまり，支援者が試行錯誤しながらも，コミュニケーションを取りたいと思っていることを，最終的に何らかの形で言語により伝えること自体が，聴覚障害と精神障害をあわせもつ人との支援関係構築の一要素となっていくのである。このように，かかわりにおいて生じる支援者の試行錯誤という困難性は，言語・非言語・行動を含めた自己表現としての「ことば」について考えるという支援の工夫へ転換ができることがわかる。

協働作業としてのコミュニケーション

前述した感覚としてのコミュニケーションとは，人と人とのいくつもの要素を含めた実感の伴う，ふれあいとしてのコミュニケーションを意味している。聴覚障害と精神障害をあわせもつ人の支援では，人と人との関係性に基づく生身のコミュニケーションが重要であるという原点に，支援者が立ち戻る必要があると考える。それは，人と人との「間」で生まれる情緒や感情を含めた交流による実感としてのかかわりを通して，利用者と支援者が感覚を探り出すという協働作業によってコミュニケーションが成り立っているからである。つまり，この協働作業を《行動密着支援》という支援行為として行うことで，対象者理解は促進されていくのである。結果として，時間や行動の要素による《行動密着支援》と，対人関係や言語・非言語，行動による《感覚コミュニケーションの探究》が，同時並行で交互作用による影響を受けていく。そして，その影響性を受け支援行為において対象者理解が促進され，支援が展開されていくという力動的な多重構造が見えてくるのである。

このように，支援者が利用者と行動を共にしながら協働作業として，コミュニケーションの感覚を探っていくことが，聴覚障害と精神障害をあわせもつ人

への支援行為としても，対象者理解プロセスのひとつとしても重要なのである。

3　特殊性にとらわれない支援

　聴覚障害と精神障害をあわせもつ人の支援では《特殊性と普遍性の認識》が対象者理解のプロセスのポイントとして調査結果からみえてきた。三つ目の視点として，支援における認識について考察していく。

わからなさを受け止める
　聴覚障害と精神障害をあわせもつ人たちは，精神保健福祉領域の現場でいわゆるマイノリティとして扱われ，困難事例として取り上げられることが多い。PSWの語りからも，聴覚障害への対応が困難ということで適切な支援に結びつかず「たらい回し」となる可能性があることが改めて確認できた。ここでの対応困難とは，「どうしていいかわからない」という支援者側の思いから発生する場合が多いのではないだろうか。支援における対象者理解では，支援者がこの「わからなさ」をどのように受け止め，解釈するかが重要である。
　精神科医の土居（2000）は「わからない」ということは単に馴染みがない，縁遠いということではないかと指摘する。特に出会いの場で，もしくは出会ってもいない情報のみの段階での「わからない」という理由からの対応困難との判断は，支援者としての姿勢やあり方自体が問われてくる。初期対応の場面で，面接であれ電話であれ，まずはじっくりと話を聞くこと，出会いの場で受け止めることこそ，「たらい回し」を防ぐ一番の方法である。
　そして，その上で［特別扱いではなく必要な配慮］が重要となる。これは障害者権利条約でいわれている合理的配慮の考えとも重なる。はたして［特別扱いではなく必要な配慮］の範囲は誰が決めるのだろうか。それは利用者のみが決めるものではなく，まして支援者が一方的に決めることでもない。双方のコミュニケーションにおいて，現段階での判断を合意の上で決めていくことであると考える。
　この［特別扱いではなく必要な配慮］は，前章の調査結果ではPSWと利用

者とのコミュニケーションとしてではなく，PSWと他職種，他機関とのやりとりにおいても示されていた。この現象から，PSWが利用者の声を拾い上げ，代弁者として機能していることがわかる。その基盤には利用者と支援者とのコミュニケーションが不可欠であることはいうまでもない。[特別扱いではなく必要な配慮] も [「たらい回し」を防ぐ] ことも，機関において「できること」「できないこと」の確認や，調整できる状況を相互に把握するための，コミュニケーションの機会の設定こそが重要なのである。そして，他の適切な機関へつなげることも支援のひとつである。つまり，聴覚障害と精神障害をあわせもつ人の支援における [特別扱いではなく必要な配慮] は，利用者とのコミュニケーションを基盤に，他職種・他機関との交渉を支援者が代弁機能として担うことも含まれているのである。

支援者の立ち位置の自覚

聴覚障害と精神障害をあわせもつ人の支援において [「たらい回し」を防ぐ] ということは，コミュニケーションの扉を開くことでもある。まずは相談に乗ること，出会いの場で話を聞き受け止めることの大切さが前章のPSWの語りでは強調されていた。その際，支援者側が注意すべきことは，支援における自らの [マジョリティ性の自覚] である。そこには，支援関係におけるPSWのアイデンティティや位置づけとしてのポジショナリィのみならず，聞こえの世界をめぐる言語・文化的背景の関係性も含まれる。このことは聴覚障害と精神障害をあわせもつ人の支援では，より意識する必要がある特徴的な点である。それは，支援関係において聞こえの違いという大前提が存在するからである。

支援者は援助関係の困難さに直面した時，聞こえる自分と聞こえない相手の違いを意識し，言語的・文化的な関係からマジョリティとマイノリティとの力関係について考えを巡らせる。加えて，支援構造においても利用者と支援者という援助関係の非対称性（稲沢 2002）が存在していることに気づき，[マジョリティ性を自覚] していたのである。

支援者が言語・文化的および支援関係における二重の [マジョリティ性を自覚] し，それでもその場にとどまり自問自答しながらも，支援を続けることこ

そ，マイノリティ支援においては必要なことである。それは，非対称的関係に無意識な支援ほど，意図せずとも一方的で傲慢なものとして利用者の目に映る危険性が生じるからである。その危うさに利用者とのかかわりのなかで気づくことができるかは支援において重要なポイントになる。この支援者のマジョリティ性の自覚を，支援関係のみならず言語・文化的視点からも二重に見据えた点は，聴覚障害と精神障害をあわせもつ人への支援の特徴といえる。

これら，支援者の［マジョリティ性の自覚］を根底に，［「たらい回し」を防ぐ］ことや［特別扱いではなく必要な配慮］を行うことが，聴覚障害と精神障害をあわせもつ人の支援における特殊性としての【マイノリティへの配慮】である。このように支援者のマジョリティ性の自覚が，マイノリティとしての利用者への配慮につながるという，認識における支援者と利用者の影響性が見出せたのである。

原則の再認識

PSWはソーシャルワーカーとして，精神保健福祉領域という特化された領域の支援を展開している。その中でも，聴覚障害と精神障害をあわせもつ人の支援では，聴覚障害への支援も応用して活用する力が求められるといえる。つまり，二つの領域にまたがるスペシフィックソーシャルワークが必要であると考えられる。しかし，PSWの語りで特に強調されていたのは［原則論に立ち戻る］というジェネリックの部分であった。

聴覚障害と精神障害をあわせもつ人の支援では，二つのスペシフィックな領域に精通している，ジェネラリストソーシャルワーカーが求められるといえる。このことは，スペシフィックソーシャルワークとは，個別領域や特定の状況下で必要とされるものへのジェネリックソーシャルワークの適用（NASW 1974＝1993）といわれていることとも一致する。つまり，ソーシャルワークとしての原則や基礎という普遍性が根底にあれば，その応用として特殊性への対応が可能であるという考え方である。実際PSWは支援を展開していく中で，個々の状態や状況に応じた特殊性を考慮した支援を行いながら，［原則論に立ち戻る］ことが必要であることに気づいていた。これは，わかりやすく伝える工夫をす

ることが［聞こえる人にとっても大切］であると気づいていくプロセスとも関連していた。

　このように支援における特殊性としてのスペシフィックな部分は，基盤にある普遍性としてのジェネリックな部分が不可欠となる。聴覚障害と精神障害をあわせもつ人の支援では，支援者が特殊性への配慮を行いながら，支援の［原則論に立ち戻る］こと，そこで［聞こえる人にとっても大切］なことに気づくこと，これらの根底にある普遍性を常に意識しておく必要があるという意味で【聞こえにとらわれない】支援が重要なのである。

支援のあり方の認識

　《特殊性と普遍性の認識》は聴覚障害と精神障害をあわせもつ人の支援における複雑化する支援関係を整理する際に，活用できる。様々な関係性の複雑さから支援の困難さを感じるとき，支援者はどうしても効果が見えやすい対応策に走ってしまいがちになる。しかし，わからなさを吟味することなしに，わかりやすい対応策に当てはめてしまう支援は，ソーシャルワークの合理化（堀越 2010）へと向かってしまう危険性がある。支援が展開されてきたからこそ生じる，関係性による困難さに直面した時こそ，支援のやり方ではなく，支援のあり方（Anderson 1997 = 2001）を考えていくことが重要となる。

　そこでポイントとなるのは，マイノリティ支援という視点と，【聞こえにとらわれない】ことである。このことは支援者間においてもいえることである。つまり，特殊性と普遍性の認識による支援のあり方を支援者間で相互確認し合意した上で，それぞれの支援のやり方や優先順位などの議論をしていくことが重要なのである。このように利用者と支援者，支援者間の複雑化する関係性を整理し，困難性を緩和させるためには，利用者と支援者，支援者同士が支援のあり方について改めて考えるという認識によるコミュニケーションが不可欠となる。

　従来，聴覚障害と精神障害をあわせもつ人の支援というと，二つの専門特化した領域が合わさることで，より特殊性のある支援が求められると考えられてきた。しかし，「聞こえにとらわれない」に代表されるように，専門特化すれ

ばするほど，支援の普遍性を認識することが必要であることがわかったのである。

4　支援システムの捉え方

　聴覚障害と精神障害をあわせもつ人の支援では【異文化の扉を開く】ことで，対象者理解がより幅広く《複合システムの理解》に至るまでのプロセスとして捉えられることが，調査結果からみえてきた。四つ目の視点として支援システムについて考察していく。

二つの分野の相互活用
　聴覚障害と精神障害をあわせもつ人の支援では，二つの障害が重なっているがゆえに，各々に対応するための支援システムが複数存在していた。そのひとつは，聴覚障害者支援システムと精神障害者支援システムといった専門領域別の側面である。PSWはその状況下で［他分野の支援者に相談する］［手話通訳者から学ぶ］ことで，【複眼的視点の活用】を行っていた。つまり，他分野の支援者に相談する姿勢がポイントとなっていたのである。特に聴覚障害者分野では手話通訳者から多くの事を学んでいた。
　ここで重要なのは，支援者が手話通訳者をどのように捉えるかであると考える。一般的に手話通訳者は音声言語を手話に変換し通訳する人と捉えられている。しかし，前章の調査結果からは本調査では手話通訳者を社会資源のひとつであると同時に，聴覚障害者支援の専門家であると捉えていたのである。聴覚障害と精神障害をあわせもつ人の支援では，コミュニケーションのあり方への見立てが特に重要となる。総合的で的確な見立てを行うためには，聴覚障害に関する専門的な知識や制度活用による効用や限界の把握も必要となるため，聴覚障害者支援の専門家としての手話通訳者から学んでいたのである。
　また，聴覚障害と精神障害をあわせもつ人の中には，自ら適したコミュニケーション手段を習得していない場合も多い。そのような場合は，グループ場面などで手話通訳を試行的に体験してもらいながら，自己決定プロセスに寄り添

う支援が重要となる（赤畑 2006）。この支援プロセスに本人と精神保健福祉領域の支援者のみならず，手話通訳者が存在する意味は大きいと考える。

　これらの支援プロセスにおいて専門性を伝え合い，学び合う支援者同士のコミュニケーションが見て取れたのである。このことは，二つの障害をあわせもつ人への支援では，福山（2009）のいう多職種間・多機関間・多領域間すべてを含む協働体制が特に重要であることを示している。そして，協働体制を作っていくこと自体も一種のコミュニケーションであるといえる。更に，この多職種・多領域の【複眼的視点の活用】が協働体制につながり，サービス提供機関の限界や支援者の研修・教育の場の少なさなど，二つの領域にまたがる支援の困難性の緩和となっていくと考えられるのである。これらはシステムの中でも機関システムといえる。

異文化コミュニケーション

　システムの視点から考えると，医療制度などを含む社会システムや，言語文化による違いを含む文化システムといったマクロ的な環境レベルの側面の理解も，支援の重要なポイントとなってくる。聴覚障害と精神障害をあわせもつ人の支援では，使用言語の違いを意識せざるを得ない場面が前章のPSWの語りからも多くみられた。ここでは言語を文化レベルに引き上げて，言語と文化について考えてみる。

　対象者理解のプロセスにおける［未知の世界を知る］という概念は，PSWが手話を学び新たな言語文化に触れることにより，未知の世界を知っていくことで対象者理解が深まっていくことを示していた。このことを更に幅広く捉えると，支援において利用者の世界を知ることの重要性にもつながる。つまり，そこでは支援者が利用者本人から学ぶ態度として「無知の姿勢」（Anderson 1997＝2001）を見ることができる。

　PSWが支援において「わからない」部分を認め，利用者とともに支援を展開していこうとする姿勢が，手話を学ぶことによって示されていたのである。このことが，支援者の知らない利用者の世界を知ることになり，そこから双方が互いの世界を知りつつ，パートナーシップに基づく協働による世界を支援展

第4章　四つの視点からみる支援行為

開の中で築いていくことにつながっていたのである。同様のことが，前述した［他分野の支援者に相談する］［手話通訳者から学ぶ］からもいえる。

　このように相手の世界，つまり［未知の世界を知る］ことにより，聴覚障害と精神障害をあわせもつ人への支援の中で，支援者に見えてくるものは，手話を中心とする言語の違いのみならず，言語を含む文化の違いである。この［言語文化の違いを認識する］ことで支援者が念頭に置いておかなければならないのは，「ろう文化宣言」（木村・市田 1995）である。この宣言はろう者を言語的マイノリティと位置づけたものであり，聞こえる支援者にとっては，支援関係における［マジョリティ性への自覚］とも関連してくる。聴覚障害と精神障害をあわせもつ人の支援では，言語的文化的要素を視野に入れた理解が重要なのである。

　このような【異文化の扉を開く】プロセスにより，支援者はミクロレベルからマクロレベルの支援領域の広さを実感できるようになる。そして，支援を多側面から見据え，今後を見通すことで視野が広がり，《複合システムの理解》へとつながっていくのである。聴覚障害と精神障害をあわせもつ人の支援において，文化の違いを考慮しつつ【異文化の扉を開く】ことで，より広い視点で対象者理解が可能になる。

　従来から，支援システムはミクロレベルからマクロレベルまで多層的構造であることはいわれている。加えて，聴覚障害と精神障害をあわせもつ人の支援では，機関システムとして二つの支援領域が重なりあい，更に言語の違いによる社会文化システムの違いも含め，多層的構造に加え複合的なシステムとしての現象が見られたのである。

　本章では，感覚・知覚，行動，認識，システムという四つの視点から考察を行った。そこから，共通して見えてきたことがある。それは，支援者は利用者から多大な影響を受け，支援行為は利用者と支援者の交互作用により成り立っていたということである。

　そして，その支援行為には「支援における困難性」に対処するための工夫も示されていた。更にその工夫は支援展開に応じて変化し，支援者と利用者が互

いに影響し合い，双方の工夫の度合いが進展しているプロセスとして読み取ることができたのである。次章では，これらの考察を整理し，聴覚障害と精神障害をあわせもつ人の支援において重要となるコミュニケーションに焦点をあて，そのポイントを提示し，支援の概念モデルを導き出す。

第5章

支援の概念モデルの構築

本章では、聴覚障害と精神障害をあわせもつ人の支援における各視点からの考察により見えてきたことを、支援プロセスに応じて整理しながら、困難性の内容との関連も含め支援におけるコミュニケーションのポイントを提示する。その上で、全体像を概観することで、支援の概念モデルを導き出す。

1 支援におけるコミュニケーションのポイント

調査結果と考察から、聴覚障害と精神障害をあわせもつ人の支援において重要となるコミュニケーションに焦点をあて、導き出したポイントは、以下の五つである。

① 感覚特性の理解と活用により、コミュニケーションを探究すること
② 行動を共にすることで、コミュニケーションを可視化すること
③ 支援の普遍性を認識した上で、コミュニケーション特性への配慮を行うこと
④ 支援領域間のコミュニケーションにより、支援協働体制を作っていくこと
⑤ 支援全体をコミュニケーションの複合システムとして捉えること

① 感覚特性の理解と活用により、コミュニケーションを探究すること

聴覚障害と精神障害をあわせもつ人の支援におけるコミュニケーションのポイントの一点目は、利用者と支援者の感覚によるコミュニケーションである。感覚によるコミュニケーションは、利用者と支援者がそれぞれの感覚を探りながら、支援関係を作っていく支援初期段階で重要となる。

聴覚機能に障害があり，精神症状としても感覚や知覚の障害として表面化される場合を考えると，聴覚障害と精神障害をあわせもつ人の支援ではより感覚を意識化する必要がある。そこでは，利用者の感覚の理解と支援者の感覚の活用が不可欠となる。更に，聴覚障害と精神障害をあわせもつことによる障害のわかりにくさを探るためには，全ての感覚を駆使し全体を捉えた上で，視覚による影響性を意識することが重要なポイントになるのである。

② 行動を共にすることで，コミュニケーションを可視化すること

聴覚障害と精神障害をあわせもつ人の支援におけるコミュニケーションのポイントの二点目は，利用者と支援者の行動によるコミュニケーションである。聴覚障害と精神障害をあわせもつ利用者は，聴覚に障害があり主なコミュニケーション手段が異なることに加え，精神症状の変動性によりコミュニケーションが不安定になりやすい特性がある。よって，従来の言語・非言語コミュニケーションのみでは限界が生じる可能性が高い。

そこで，行動コミュニケーションのメタ的要素を意識しながら，行動密着支援を行うのである。つまり，「今，ここで」の体験を利用者と共有するためにも，行動によるコミュニケーションを意識するのである。聴覚障害と精神障害をあわせもつ人への支援では，目的を明確にした，言語と非言語そして行動を踏まえた包括的なコミュニケーションが必要になるのである。

③ 支援の普遍性を認識した上で，コミュニケーション特性への配慮を行うこと

聴覚障害と精神障害をあわせもつ人の支援におけるコミュニケーションのポイントの三点目は，支援者が支援をどう捉え認識しコミュニケーション特性への配慮を行うかである。聴覚障害と精神障害をあわせもつ人の支援というと，どうしても特殊な困難事例という認識が強くなる。よって，支援に行き詰まった際，精神保健福祉領域の支援では特殊性として聴覚障害という部分に焦点をあて，効果が見えやすい対応策に走ってしまいがちとなる。

しかし，その時こそあえて聞こえにとらわれず，関係を一つひとつ紐解きながら，支援の根底にある普遍的要素を確認する必要がある。その上で，特殊性と普遍性の整理を行い，コミュニケーション特性への配慮を行うことが必要になるのである。

第5章 支援の概念モデルの構築

④ 支援領域間のコミュニケーションにより，支援協働体制を作っていくこと

聴覚障害と精神障害をあわせもつ人の支援におけるコミュニケーションのポイントの四点目は，領域別に確立されている支援システムを支援領域間のコミュニケーションにより，いかに活用するかである。聴覚障害と精神障害をあわせもつ人の支援では，支援者，支援機関，支援サービスなど，専門機関が複数存在する。そこで，互いの専門性を学び合う姿勢をもつことにより，他領域専門職との相互コンサルテーションを基盤に支援者同士が新たな視点を獲得できるのである。つまり，二つの領域を横断する重複障害者の支援では，個別支援を通し支援者が交流することにより刺激をうけるだけではなく，それぞれの不足している部分を補うのみでもなく，異なる領域の支援者同士のコミュニケーションにより新たな実践を創造的に作り出すという協働の視点が重要なのである。

⑤ 支援全体をコミュニケーションの複合システムとして捉えること

聴覚障害と精神障害をあわせもつ人の支援におけるコミュニケーションのポイントの五点目は，社会文化的視点を踏まえ，支援全体をコミュニケーションの構造としてシステム論的に現象を捉えることである。それは，二つの障害領域の制度，施策，支援機関，支援者，障害特性などが複雑に絡まっているからである。その中でも，聴覚障害と精神障害をあわせもつ人への支援の場合，コミュニケーション手段としての言語の違いを中心とした，言語的要素を含めた社会文化的視点が重要となる。社会文化的視点とは，社会との関係と独自の文化的あり様を包括した見方である。よって，利用者の独自の文化の扉を開けることで，支援者が自らの文化や社会を意識し，多様な複合的システムを包括的に見る視点が生じるのである。

　上記のことを支援プロセスに沿って整理する。まず支援者は出会いの場で自らの感覚を意識し，利用者との感覚同士のコミュニケーションを行うことで，障害のわかりにくさを探るという工夫をしていた。そして，支援導入期に試行錯誤による支援行為の中，行動によるコミュニケーションを重視し，支援の行き詰まりを解消するための工夫をしていた。また，関係の複雑さを整理するた

めの工夫として，支援者はあえて聞こえにとらわれず，特殊性と普遍性を認識していた。

更に，支援展開期に活用できる工夫として，支援環境要因による困難性を対象者理解に活用するために，各支援機関，利用者の社会文化的背景を含め複合的システムを理解しようとしていた。これら支援の各段階において，支援の工夫が行われていたからこそ，継続的な支援が可能になっていたと考えることができる。逆にこれらの工夫がなければ困難を倍増させ，支援中断の可能性も高くなっていたのではないだろうか。

また，各視点からの支援を継続するための留意点について整理する。感覚・知覚レベルでの留意点としては，支援者がはじめから聴覚障害というひとつの感覚機能に視点を特定してしまうと，視野狭窄に陥る危険性があるため，まずは全感覚を意識した上で，利用者が最も活用する感覚を探っていく必要があること。行動レベルの留意点では，非言語コミュニケーションのみでは推測で終わってしまうため，非言語表現を言語レベルで確認することで意味を持たせる必要があること。行動レベルでの留意点として，支援が行き詰まった時には，経験に頼るのでは限界にぶつかるため，その時こそ，「今，ここで」の体験を行動コミュニケーションとして，利用者と共有することが大切であること。認識レベルの留意点は，効果が見えやすい特殊性に焦点化した具体的な対応策に走る前に，支援のあり方として普遍的な原則を再認識する必要があること。

システムレベルの留意点では，自らの専門性に特化しすぎたり，既存の規定にこだわりすぎると困難性が倍増してしまうため，支援者同士の連携と協働により，支援を創造していく視点が不可欠であることである。

2　支援における複合的交互作用現象

支援の原動力になる困難性

支援プロセスに応じた工夫や留意点は，実際に支援を継続し展開したことでみえてきたものである。言い換えれば，支援における困難性がなければ新たな視点や支援の工夫に結びつかなかったともいえる。更に，困難性は支援を行え

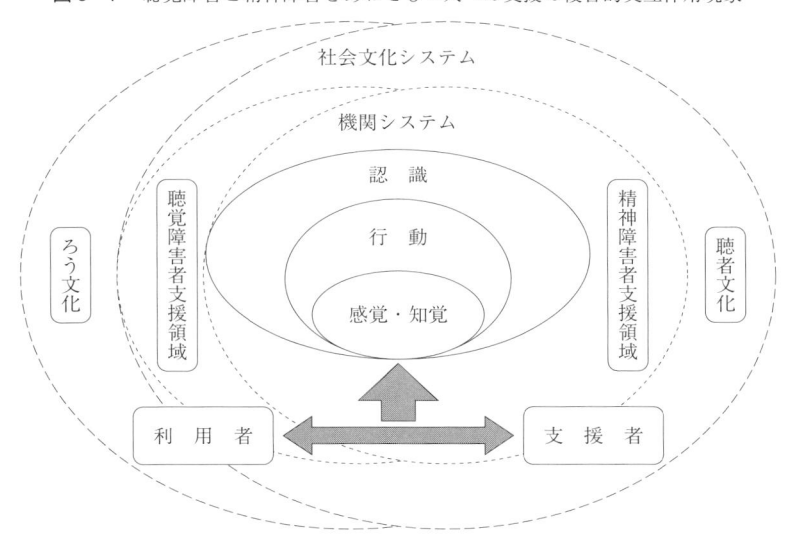

図5-1 聴覚障害と精神障害をあわせもつ人への支援の複合的交互作用現象

[図：社会文化システム、機関システムの同心楕円の中に、認識・行動・感覚・知覚の同心円。左右にろう文化／聴覚障害者支援領域、精神障害者支援領域／聴者文化。下部に利用者⇔支援者の矢印]

ば生じてくるものであり，困難性が次なる支援を考えていく上での原動力ともなっていたのである。

これらのことから，困難性を支援の原動力とすることが継続的な支援につながること，またそのためには，支援者側からだけの取り組みでは難しいことがわかった。つまり，支援者は利用者からの影響性も視野に入れ，その交互作用を積極的に活用し協働で取り組む姿勢が，困難性を転換するために不可欠な要素だったのである。そしてそこには協働で取り組むための，段階ごとに異なる多層からなる複合的交互作用現象が存在していた。

つまり，人と環境の全ての層や構成において生じている相互作用の，継続的なプロセス（Germain 1981＝1992）が更に影響を与えあい変化することにより，交互作用としての現象が現れていたのである。それがまさに視点として示していた，感覚・知覚，行動，認識であり，支援環境としての機関システム，社会文化システムであったのである。そこには，利用者と支援者の感覚・知覚，かかわり行動，支援の相互認識という交互作用と，それらを取り巻く聴覚障害者支援分野と精神障害者支援分野の機関システム，ろう文化と聴者文化を含む社

表 5-1　聴覚障害と精神障害をあ

	感覚・知覚	行　動
交互作用の内容	人の五感・直感等の内界の感覚	時間・空間，言語・非言語を含めたかかわり行動
交互作用の捉え方	感覚・知覚で理解する	かかわり行動から理解する
交互作用からの対象者理解	全感覚を駆使し，感覚コミュニケーションの探究を行う	言語・非言語・行動を統合した行動密着支援を行う
交互作用が生み出す困難性	ひとつの感覚に特化した障害理解	ひとつの行為に特化した試行錯誤

会文化システムという，複合的な交互作用現象の構造が見えてきた。この複合的交互作用現象の関連を図5-1に示す。

　聴覚障害と精神障害をあわせもつ人の支援では，利用者と支援者の感覚・知覚，かかわり行動，支援の相互認識による，多層的な現象がみられた。また，それらを取り巻く支援環境，及び各々の社会的，文化的背景をも含めた交互作用現象があった。そして，利用者と支援者，聴覚障害と精神障害，聴覚障害者支援機関と精神障害者支援機関，聴覚障害者支援制度と精神障害者支援制度，手話や筆談と音声言語，ろう文化と聴者文化など，複合的な要素が多層な次元で重なりあい，影響を与えあっていたのである。これら，聴覚障害と精神障害をあわせもつ人の支援における複合的交互作用現象を構成する五つの交互作用現象（①感覚・知覚，②行動，③認識，④機関システム，⑤社会文化システム）について，調査結果も踏まえ整理し（表5-1），改めて支援の概念モデルを提示する。

支援の概念モデル
①　感覚・知覚交互作用現象
　感覚・知覚の交互作用現象は，人の五感等の内界の感覚を通した利用者と支援者の交互作用である。この交互作用は，人の感覚・知覚で理解することができる。聴覚障害と精神障害をあわせもつ人の支援では，支援者が自らの全ての感覚を駆使し，感覚コミュニケーションの探究を行い，利用者の最も活用する

わせもつ人の支援の交互作用現象

認　　　識	機関システム	社会文化システム
特殊性と普遍性，双方からのかかわり方や支援の認識	機関・サービス・支援者を含む，聴覚障害と精神障害に関する支援領域	言語や文化など，利用者・支援者を含む支援環境全ての包括システム
支援で認識したものに基づき理解する	支援展開の理解の範囲	利用者・支援者・機関等の社会資源や環境文化を理解する
普遍性を見出し，特殊性と普遍性の認識をする	連携と協働により，複合システムを理解する	文化の違いの認識により，複合システムを理解する
特殊性に焦点化した行き詰まりと関係性の複雑化	自らの専門性に特化した支援機関の限界	施策の未整備やコミュニティによる誤解・偏見

感覚として，視覚に焦点化することで対象者理解が深まるという利点があった。一方，はじめからひとつの感覚のみにとらわれた障害理解では，困難性を生じさせることになっていた。

② 行動交互作用現象

行動の交互作用現象は，時間・空間，言語・非言語を含めた利用者と支援者のかかわり行動としての交互作用である。この交互作用は，利用者と支援者の具体的なかかわり行動を通し理解することができる。聴覚障害と精神障害をあわせもつ人の支援では，言語・非言語そして行動を統合し，行動密着支援を意識して行うことで，対象者理解が深まるという利点があった。一方，言語のみ非言語のみなど，特定の行為にとらわれてしまうと，試行錯誤の支援行為を繰り返し，困難性を高めることになっていた。

③ 認識交互作用現象

認識の交互作用現象とは，支援の特殊性と普遍性，双方からのかかわり方や支援の認識による交互作用である。この交互作用は，支援の中で認識したものに基づき理解することができる。聴覚障害と精神障害をあわせもつ人の支援では，支援の中で普遍性を見出し，特殊性と普遍性の認識を行うことで，対象者理解が深まっていた。一方，特殊性のみに焦点化すると，行き詰まりと関係性の複雑化を引き起こすことになっていた。

④ 機関システム交互作用現象

機関システムの交互作用現象とは，機関・サービス・支援者を含む聴覚障害

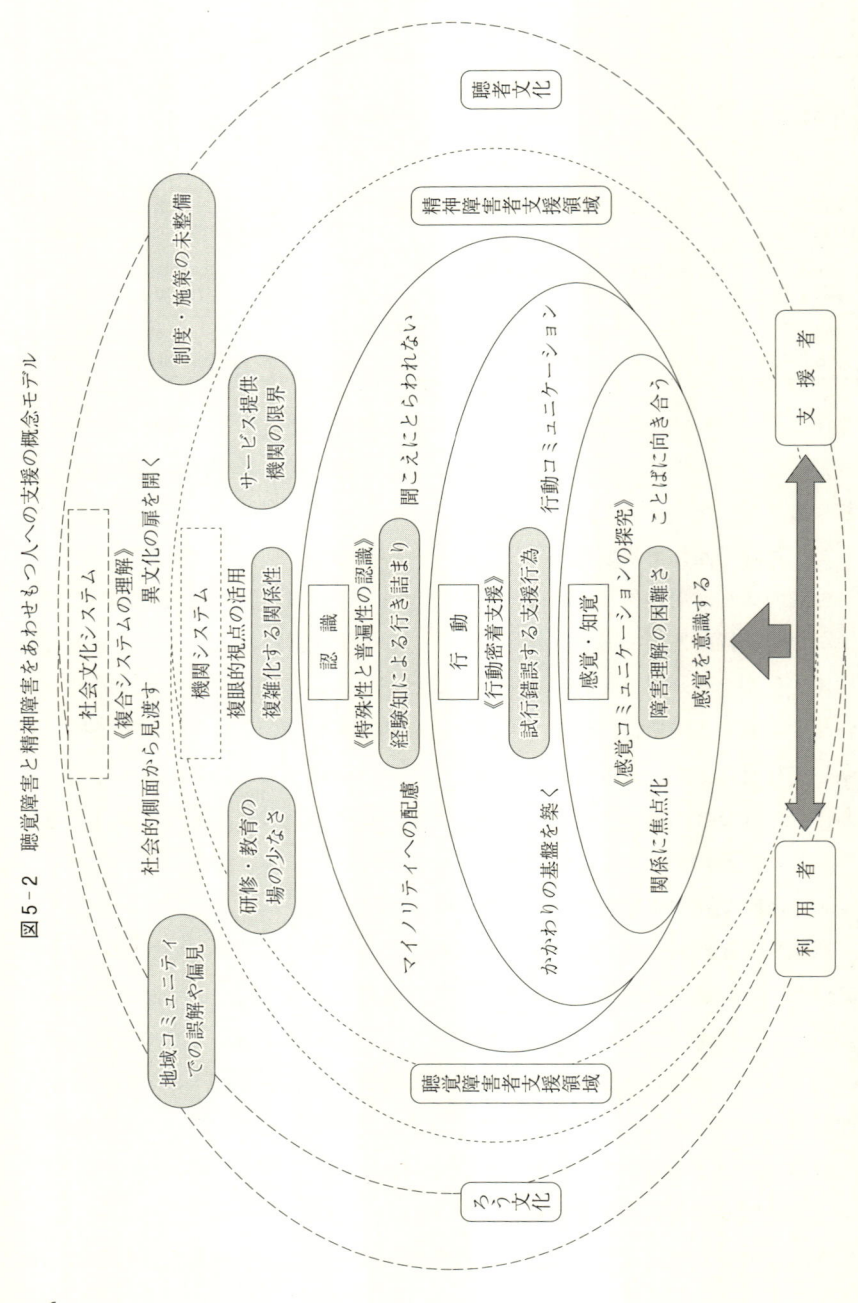

図5-2 聴覚障害と精神障害をあわせもつ人への支援の概念モデル

と精神障害に関する支援領域間の交互作用である。この交互作用は支援展開の範囲により理解することができる。聴覚障害と精神障害をあわせもつ人の支援では、複合システムの理解から、聴覚障害者支援領域と精神障害者支援領域の複眼的視点を活用することにより、多職種多領域との連携や協働を視野に入れ支援は広がる可能性がみられた。一方、自らの専門性や支援領域のサービスばかりに特化してしまうと、各支援機関や支援者個々の限界にぶつかり、支援は閉塞的になってしまう傾向がみられた。

⑤ 社会文化システム交互作用現象

社会文化システムの交互作用現象とは、言語や文化など、利用者・支援者を含む支援環境全ての包括システムである。この交互作用は、利用者・支援者・機関等の環境や背景、歴史などにより、理解することができる。聴覚障害と精神障害をあわせもつ人の支援では、コミュニケーション手段の違いを使用言語の違いとして、文化の違いと捉えることで、異文化の扉を開き社会的側面からも見渡すことができるようになる。また、そうすることで、利用者・支援者双方の背景を広い視野から理解することが可能となり、個々に応じた新たな支援を創造することにつながっていた。一方、既存の価値観や社会制度から見ていくと、施策の未整備やコミュニティでの誤解や偏見など様々な制約により、適切な支援にたどりつかないばかりか、制度に単に当てはめる支援となってしまう危険性が示唆された。

これら五つの交互作用現象を軸にした、支援における困難性と支援行為における対象者理解のプロセスを含んだ支援の概念モデルを、図5-2に示す。

3　人の理解とコミュニケーション——実践への示唆

コミュニケーションと理解

精神保健福祉領域の現場は、医療と福祉、病院と地域など、多様なシステムが交差している。更に、精神保健福祉領域における聴覚障害と精神障害をあわせもつ人の支援では、精神障害者支援と聴覚障害者支援など異なる支援システムが絡み合い、その様相は複雑となっている。

このような実践現場でPSWは葛藤や矛盾を抱えながら，試行錯誤のなか支援を展開している。この試行錯誤とは聴覚障害と精神障害をあわせもつ人の支援における特殊性が，ソーシャルワークの原則とどのようにすり合わせることができるのか，右往左往しながら実践している姿ともいえる。

　聴覚障害と精神障害をあわせもつ人の支援においてキーワードとなるのが，コミュニケーションと理解である。適切なコミュニケーションなく，適切な理解はあり得ない。逆に，理解を伴わないコミュニケーションは齟齬を生みだすことになってしまう。過小でも過剰でもない適切な理解を追求していくためには，コミュニケーションによりその人の状況を把握し，支援の目的や内容を確認し合うプロセスによって，総合的に創り上げていくことが必要なのである。

　そして，一対一の個別の支援関係を中心にコミュニケーションを重視したミクロの支援を行いながらも，実践現場の組織や機関，支援者間の連携などメゾ領域の課題も見据え，社会資源・制度や地域社会のみならず，言語文化まで広がるマクロ領域の交互作用現象への取り組みも視野に入れた多層にわたるソーシャルワーク実践が求められている。一方，PSWとしてのマクロ的な取り組みは，メゾ領域の現象にも影響を与え，循環していくことで，結果として目の前にいる人の尊厳を保持するという実践へとつながっていく。この複合的交互作用現象を実践に照らし合わせることにより，支援の概念モデルを応用しながら実践で活用することができるのである。そして，聴覚障害と精神障害をあわせもつ人の支援における，現実に即した人の尊厳を保持した人の理解が可能になる。

　聴覚障害と精神障害をあわせもつ人は支援以外の場においても，他者との間にコミュニケーションの困難さがあることは想像に難くない。このコミュニケーションのあり方を認め，ともに新たなコミュニケーションを創造していくことこそ，その人を理解した上で支援を展開していくことになるのではないだろうか。つまり，聞こえにくさの背景にあるその人の取り組みを，感覚，知覚，ことば，行動を含むコミュニケーションから読み取り，その人を取り巻く社会文化的背景を踏まえ，その困難さを含め認めていくこと，支援者自身の揺れや迷い，支援において困難と感じることを含め自ら立ち止まり考えること，そし

て，互いが感じる困難さを認め合う作業があってこそ，聴覚障害と精神障害をあわせもつ人へ適切な支援を提供できるのではないかと考えるのである。

困難性から人の理解へ

さらに聴覚障害と精神障害をあわせもつ人の支援で重要なことは，複合的交互作用現象を踏まえた支援の全体性を捉えることである。その上で，複合的交互作用現象を構成する諸要素間の関係性を理解していくこと，そして，全体性から要素間の関係に介入していくことである。そのことにより，支援者が視野狭窄に陥ることを防ぎ支援の継続性が可能となり，困難性ととらえていたことが利用者と支援者の関係を含め人の理解の促進につながっていくことに気づくことができるのである。その意味でも，支援の全体性を示した概念モデルは，支援展開の中で行き詰った時にこそ，実践で活用できるモデルといえる。

利用者とPSWの間で生じる現象

また，支援行為における人の理解の捉え方には，PSWとしての考え方，援助観が問われてくる。支援において聴覚機能の障害に焦点をあてるならば，単に「聞こえない，聞こえにくいから視覚を使う，手話を活用する，手話通訳者を派遣する」ということでは，その人の尊厳を保持した支援とはいえない。PSWとして大切なことは，聞こえなさ，聞こえにくさの背景にあるその人の努力を認めることである。その上で，聞こえないこと，聞こえにくいことを含めてその人を理解していくこと。聞こえないこと，聞こえにくいことこそがその人の独自性であり，これから生きていくためのその人の強みとなるような生き方の支援を展開していくことが重要なのである。これらの視点をPSW自身が理解することなく，適切な支援は提供できないと考える。

もうひとつ聴覚障害と精神障害をあわせもつ人の支援で重要なことがある。それは，多様で複雑な諸要素からなるわからなさを，支援展開の中で支援の全体像をつかみながら，読み解いていくことである。支援プロセスにはこの理解のプロセスが随所に含まれていた。他者理解から自己理解へ，関係理解から状況理解へ，という多層にわたる理解の広がりである。同時に複合システムの理

解が，支援関係や利用者個人の理解にも還元できるということである。それらは，利用者や他の支援者とのかかわりの中で，PSW 自身が気づき学ぶことで，循環的に理解が広がっていくプロセスでもある。

　このように，関係性と状況を見据えたコミュニケーションの探究とシステムの把握が，対象者理解を促進し，人間性の交流と専門性を駆使した支援の交互作用により，PSW は支援を展開しているといえる。結果として，本書で導き出した複合的交互作用現象は，利用者と PSW の間で生じている現象であり，その現象に利用者と PSW のみならず，他の支援者を巻き込み協働で取り組むことが重要となる。よって，支援を継続するためにも，PSW の支援関係を形成する力，協働で取り組む姿勢など，ミクロからマクロにわたるコミュニケーションを中心とした幅広い実践力が問われてくるのである。

終　章
IT化では越えられない壁を乗り越えるために

　本章では，各章の要約を示し，本書における研究の意義と限界，今後の課題について述べる。

1　本書の要約

　本書は，精神保健福祉領域におけるソーシャルワーク実践を通して，聴覚障害と精神障害をあわせもつ人の支援について，提示したものである。
　第1章では，利用者の特性と精神障害と聴覚障害をあわせもつ人の支援に関する先行研究を概観し整理した。聴覚障害と精神障害をあわせもつことによる特性については，二つの障害をあわせもつことにより，感覚，知覚，思考，認知などコミュニケーションに関連する要素が複雑に絡み合っていることがわかった。そして，聴覚障害の特性を中心にした見方と，精神症状の特性を中心とした見方では，支援者の見立てが異なる場合があることが判明した。その代表例として，①推測パターン，②確認パターン，③無関心パターンを提示した。
　そして，精神障害と聴覚障害をあわせもつ人の支援に関する先行研究では，聴覚障害者のメンタルヘルスに関する心理，教育，医療など他分野の先行研究は散見されたが，ソーシャルワークの先行研究はまだ少数にとどまっていた。更に，ソーシャルワーカーによる実践報告は増加してきているものの，実践的な支援の概念モデルを示した研究は見当たらないことがわかった。
　第2章では，文献調査を行った。分析方法としては内容分析法を採用した。保健医療福祉システムを枠組みとした分析の結果，利用者，支援者に関するミクロレベルの困難性が全体の約7割を占め，専門性，支援者間，組織というメゾレベルは約2割，社会資源・制度，地域社会，専門家集団というマクロレベ

ルは約1割であった。そして困難性の内容から，聴覚障害と精神障害をあわせもつ人々の支援における困難性として，以下の8つの要素を含む23のカテゴリーを導き出した。8つの要素とは，①障害理解の困難さ，②経験知による行き詰まり，③試行錯誤による支援行為，④複雑化する関係性，⑤地域コミュニティでの誤解や偏見，⑥サービス提供機関の限界，⑦制度・施策の未整備，⑧研修・教育の場の少なさ，である。これら支援における困難性は，聴覚障害と精神障害という複数層の障害，利用者と支援者間のコミュニケーション，多領域の支援関係者の連携，組織の方針，制度・政策の限界など，それぞれのシステムの関連性が，更に複数のレベルでの交互作用へと発展し，ミクロからメゾ，メゾからマクロレベルの現象としての困難性の構造があることを明らかにした。そして，困難性の内容の中核には各レベルの欠如があり，支援の考え方として原因を求める因果関係論になっていることが，支援の困難性の要因であることを見出すことができた。

　第3章では，聴覚障害と精神障害をあわせもつ人への支援経験のあるPSWにインタビュー調査を行い，修正版グラウンデッド・セオリー・アプローチ（以下，M-GTA）による分析を行った。ここでの分析テーマは「PSWによる支援行為における対象者理解のプロセス」とした。分析の結果，27概念10カテゴリーを生成し，PSWが対象者理解を深め支援を展開しているプロセスを明らかにした。PSWによる聴覚障害と精神障害をあわせもつ人への支援行為における対象者理解のプロセスとは，《感覚コミュニケーションの探究》を《行動密着支援》の中で行いながら，支援における《特殊性と普遍性の認識》を経て，《複合システムの理解》に至るプロセスであることを明らかにした。そして，①《感覚コミュニケーションの探求》【感覚を意識する】【関係に焦点化】【ことばに向き合う】，②《行動密着支援》【かかわりの基盤を築く】【行動コミュニケーション】，③《特殊性と普遍性の認識》【マイノリティへの配慮】【聞こえにとらわれない】，④《複合システムの理解》【複眼的視点の活用】【異文化の扉を開く】【社会的側面から見渡す】，という各カテゴリー・概念について提示し説明した。

　第4章は，前章の調査結果をもとに①感覚・知覚，②行動，③認識，④シス

終　章　IT化では越えられない壁を乗り越えるために

テムの四つの視点から考察を行った。そこからは，支援行為は利用者との交互作用により成り立ち，そこには困難性に対処するための工夫が示されていることが見えてきた。更にその工夫には支援展開に応じたプロセスがあることがわかった。

　第5章では，考察を踏まえ支援におけるコミュニケーションのポイントを導き出し，支援の全体像を捉えることで概念モデルを提示した。考察から導き出した支援におけるコミュニケーションのポイントは以下の五点である。①感覚特性の理解と活用により，コミュニケーションを探究すること，②行動を共にすることで，コミュニケーションを可視化すること，③支援の普遍性を認識した上で，コミュニケーション特性への配慮を行うこと，④支援領域間のコミュニケーションにより，支援協働体制を作っていくこと，⑤支援全体をコミュニケーションの複合的システムとして捉えることである。

　そこには支援者と利用者が協働で取り組むための，段階ごとに異なる多層からなる複合的交互作用現象が存在していた。この多層からなる複合的交互作用現象は，利用者と支援者のみならず，聴覚障害支援分野と精神障害者支援分野，ろう文化と聴者文化など，多様な要素の交互作用により構成され，①感覚・知覚，②行動，③認識，④機関システム，⑤社会文化システムという5つの層を読み取ることができた。そして，これら5つの交互作用現象（①感覚・知覚，②行動，③認識，④機関システム，⑤社会文化システム）は，それぞれ別々に存在するのではなく，複合的かつ多層構造であり，支援プロセスに応じた支援における困難性と工夫を組み込むことで，実践で活用できる支援の概念モデルを構築することができたのである。

2　研究の意義と限界

　ここでは本書における研究の意義と限界について，研究対象，研究方法，研究結果ごとに示していく。

研究対象に関しての意義と限界

　本研究の対象は精神保健福祉領域における聴覚障害と精神障害をあわせもつ人の支援であり，利用者，支援者，実践現場それぞれの範囲は限定されている。利用者に関しては，聴覚障害があり後に精神障害をあわせもった人を対象にしているため，精神障害がある人が中途失聴や難聴になった場合については言及されていない。また，未だ精神保健福祉領域の支援にたどり着いていない聴覚障害をもつ人の現状把握までには至っていない。

　支援者に関してはPSWを中心に論じているが，文献調査では，聴障者精神保健福祉研究集会での報告書を対象にしていることもあり，支援者の職種は幅広く設定されている。しかし，ここでの支援者は，研究集会での発表者ということもあり，ある程度聴覚障害と精神障害をあわせもつ人の支援に問題意識を持つ人に限定されている。インタビュー調査では，PSWに限定しているものの，その中でも精神保健福祉士の国家資格を持ち，一定期間以上支援が継続できているPSWを対象としている。よって，単発的にかかわりを持った経験のあるPSWの現状までは網羅できていない。更に，精神保健福祉領域の支援という一側面からの研究となっている。つまり，聴覚障害と精神障害をあわせもつ人の支援がテーマではあるが，聴覚障害支援領域の実践は含んでいない。更に，昨今増え始めている聴覚障害者支援領域で実践を行うPSW，特に聴覚障害のあるPSWは対象としていないことになる。

　しかし，今まで研究されてこなかった聴覚障害と精神障害をあわせもつ人の支援について，まずは一側面から現状を踏まえ支援の概念モデルを提示できた点は意義があると考える。また，精神障害という社会的マイノリティであり，更に聴覚障害をあわせもつ言語的マイノリティという，二重のマイノリティの存在である人たちの支援について取り上げ顕在化できたことは，ソーシャルワークの視点からの重要な提言になったと考える。

研究方法に関しての意義と限界

　本研究は内容分析及びM-GTAを分析方法として選択したため，それぞれに方法論的限定性から，分析方法しての限界がある。文献調査による内容分析

では，特定の分析枠組みを用いたため，ひとつの視点からの見方となっている。また，研究集会の報告書の分析ということもあり，聴覚障害と精神障害をあわせもつ人の支援における全ての現状把握とは言えない。しかし，15年間分の報告書を対象にしたことで，聴覚障害と精神障害をあわせもつ人の支援における，一定の実態把握としては意義があったと考えている。

　インタビュー調査によるM-GTAの分析では，前述したように，「精神保健福祉領域の支援」という実践現場の限定，「PSWによる実践」という支援者の限定，「聴覚障害と精神障害をあわせもつ人」という利用者の限定，という三つの限られた条件下での結論となっている。つまり，この条件範囲内でのみ説明力があるものといえる。更に，M-GTAの特徴のひとつでもある「研究する人間」という視点が随所に含まれている。よって，分析プロセスにおいて研究者である論者自身の実践経験からくる視点も解釈の中には含まれているが，その基にあるのはインタビューで語られた調査協力者の語りであり，継続比較法という分析手順によって導き出されたものである。

　M-GTAから導き出した結果には，聴覚障害と精神障害をあわせもつ人の支援の特殊性をソーシャルワークの原則論に照らし合わせどう適用していくのかという，実践の応用プロセスが含まれていた。つまり，支援行為プロセスの中でPSWが利用者とのコミュニケーションを通し，特殊性から普遍性を見出し，原則論を踏まえて個別性と捉えていくことで，最終的に複合システムの理解というマクロ的視点を認識し，独自性のあるソーシャルワークとして展開していくことができていたのである。この流れは奇しくも本調査分析における概念・カテゴリー生成プロセスとも重なる部分でもある。概念間の交互作用によりカテゴリーの構造が生まれ，また各カテゴリーの交互作用により，幾重にも重なる交互作用の支援展開の構造が明らかになっていく。これらの点はM-GTAという分析方法が本調査研究と合致したことを結果的にも証明していると考える。

研究結果に関しての意義と限界

　本研究結果の軸となるM-GTAによる概念やカテゴリーでは，聴覚障害に

関する特性に比べ，精神障害に関する特性があまり提示されていなかった。それは，調査協力者が精神保健福祉領域を専門とする経験豊富なPSWが中心であったため，精神障害に関する特性や対応についてはあえて言語化するまでもなく，大前提として身についていたことによると考えられる。しかし，特殊事例として扱われやすい聴覚障害と精神障害をあわせもつ人の支援について，経験豊富なPSWの実践についてのデータを基に概念モデルと提示できたことは，今後新たに本研究対象者の支援を行うであろうPSWにとって指標が示せたと考える。

ただ本研究の結果として提示した概念モデルは，あくまでも限定された範囲においてのみ説明できるものである。よって，そのまま具体的支援場面で適用できるものではない。実践者がアレンジして活用するための基本的枠組みを示す概念モデルといえる。よって，利用者，支援者の状態や支援の状況に合わせて応用しつつ，活用する必要がある。

本研究の特徴は，M-GTAのみならず，文献調査による内容分析や理論研究も踏まえ，最終的な結論を導き出している点にある。よって，支援にとって普遍的な部分も多分に含まれており，本研究の結果は実践での応用の仕方によっては，複合的な問題を抱える人やコミュニケーション障害を持つ人への支援など幅広く適用でき，汎用性のあるものになっていくと考えている。

3　今後の課題

近年，情報技術化の発展に伴うアクセシビリティの整備により，情報伝達としてのコミュニケーションの問題は解消されつつある。しかし，聴覚障害と精神障害をあわせもつ人の支援にみられるように，複合的なコミュニケーションの障害が支援者と利用者双方に生じている場合，IT化による整備だけでは越えられない壁がある。本書には，この壁を乗り越えるための重要な示唆が随所に含まれている。本書は，非常に限られた範囲を対象としているが，そこから見えてくるものは支援におけるコミュニケーションのあり方を含め，広範囲に応用可能なものであると考える。ただし，ここで示したモデルはあくまでも領

域限定の概念モデルである。今後この概念モデルを実践において応用化することで実証された支援モデルとしての構築を目指していく。

　聴覚障害と精神障害をあわせもつ人の支援に焦点をあてた研究として，明らかになっていないことは多く残されている。第一にあげられるのは，全国的な実態を把握するための，量的な調査である。また，今回は支援者からの視点により支援の概念モデルを提示したが，今後は利用者の声や語りを取り上げた研究にも着手していきたい。その上で，本書で提示した支援の概念モデルを，より実証的なものに発展させていきたいと考えている。

おわりに

　「目指しているんじゃなくて，それは最初の出発点じゃないの」これは，ある調査協力者から投げかけられハッとした言葉である。
　聴覚障害と精神障害をあわせもつ人の支援に関する研究に取り組み始めて10年近くが経過した。本研究の出発点は，序章で紹介した精神科病院で出会ったAさんとのかかわりである。見えにくい，わかりにくい障害ともいわれる聴覚障害と精神障害。双方をあわせもつことによる生活上の困難さはどのようなものなのか。支援者としてPSWである自分に何ができるのか。異なるコミュニケーション手段をもつ二人が支援の場で立ちすくみ，わからなさに直面した経験だった。その頃，筆者はPSWとして数年の経験を積み，対人援助職としての根源的な問いを改めて考えていた時期でもあった。それは，人を支援するとはどういうことなのか，支援における関係性とはどのようなものなのか，という問いであった。その問いはAさんとのかかわりの中で，何度も胸に突き刺さってきたのである。
　そして，本書の基になる研究プロセスの中でも，幾度かその時の想いと重なることがあった。それは，文献調査により多くの支援者の実践報告を何度も読み返している時や，インタビュー調査に協力していただいたPSWの方々の語りを聞いている時であった。更に，筆者自身がPSWである前から抱いていた，人と人との間にある関係，人と社会との間にある関係への関心とこだわりも蘇ってきた。
　研究を進めまとめる中で中核となるテーマとして浮かび上がってきたのは，人の理解とコミュニケーションである。聴覚障害と精神障害をあわせもつ人の支援は，多層に重なる複合的交互作用現象により成り立っている。その様相は，その時の関係や状況により，複雑に変化する。変動する複雑さをありのままに受け止め，わからなさも含めて相互に確認できる関係こそ，支援では重要にな

っていた。その関係を形成するためには，双方的なコミュニケーションの工夫と積み重ねが不可欠となってくるのである。

　研究においても，この複雑さという壁に何度もぶつかった。聴覚障害と精神障害をあわせもつ人の支援を考えていくと，さまざまな複合的な要素が入り混じり，その複雑さをありのまま表現することの難しさに直面したのである。複合的な要素を維持しつつ，複雑さを紐解くように整理するには，多くの方の助言や時間を必要とした。そこには自己や他者との対話を含め，研究テーマに向き合うというコミュニケーションの要素が多く含まれていたと実感している。本書をまとめるにあたり，最終的にそぎ落とした内容にも，たくさんの意味が含まれていたことは記しておきたい。

　これらの研究は，精神科病院でのソーシャルワーカーとしての実践と並行して取り組んだものであり，その原点は実践現場にある。インタビュー調査にご協力いただいた精神保健福祉領域のソーシャルワーカーの方々，文献調査の資料を提供してくださった聴覚障害関連団体の方々，そして多くの当事者の方々との出会いがなければ，本書及び私の研究は成り立たなかったと改めて実感している。ここに深く感謝を申し上げたい。また，すべての方のお名前をあげることはできないが，約15年間勤務した医療法人社団一陽会陽和病院の方々をはじめ，ソーシャルワーカーとして出会い，育てていただいた方々に，心よりお礼を申し上げたい。

　大学院での指導教授であるルーテル学院大学の福山和女教授には，現場での事象を研究するにあたり，修士課程から長年にわたり懇切丁寧にご指導いただいた。その過程は，実践者と研究者の揺れに寄り添い，実践に基づく研究の意義や重要性を確認しながら，実践を見つめなおしてくスーパービジョンそのものであった。そして，実践者・研究者・教育者というすべてを包含したありようを，先生の存在から間近で教えられたように思う。現在，教える立場となった私自身の指針ともなる人に出会え，師事させていただいたことは，私の一生の財産であり感謝してもしつくせない。

　同じくルーテル学院大学の西原雄次郎教授は，お会いするといつも温かい眼

差しで，配慮のあるお声かけを頂き励まされた。そして福島喜代子教授には，的確でわかりやすいご助言を頂き，研究全体を論文としてまとめるための整理ができた。さらに元筑波大学の奥野英子教授と東洋大学の稲沢公一教授からは，実践と研究の両側面から貴重なご指摘，ご助言をいただき，今後の方向性を見出すことができた。東海大学の柳原清子教授からは，質的研究の魅力を学び，いつも背中を押していただいていたように思う。その他，本研究をすすめるにあたり，多くの先生方，博士後期課程の皆さま，福山ゼミの皆さま，周囲の方々から，貴重なご意見，ご助言，ご指導いただいた。ここに感謝申し上げたい。

　また，現在の職場である立教大学コミュニティ福祉学部福祉学科の先生方には，精神保健福祉士養成教育ならびに実習教育等に関して，さまざまな機会を与えていただいていることに対し，ここでお礼を申し上げておきたい。

　最後に，本書の出版にあたり，ミネルヴァ書房編集部の北坂恭子さん，日和由希さんには多大なご尽力とご配慮をいただいた。ここに深く感謝申し上げる。

　本書が聴覚障害と精神障害をあわせもち日々生活されている方々，そして彼らを支えるために日々奮闘している支援者の皆さまの一助になれば幸いである。

2013年12月

　　　　　　　　　　　　　　　　　　　　　　　　　　　赤畑　淳

資 料 編

資料1　内容分析二次データ一覧表

1　「利用者に関する困難性」二次データ一覧表

理解されにくい障害，見えにくい障害，わかりにくい障害，わがまま，頑固，我慢が出来ない，思いつきの言動，意思がない，やる気がない，手話が通じない，手話の多種多様さ，通訳を介しての手話が通じない，手話力の低下，手話を見ない，独自の手話，手話を使いたがらない，絵と身振りのみのコミュニケーション，関係悪化時のコミュニケーション，興奮による手話の喪失，身体衰弱の中での手話，日頃のコミュニケーションと症状悪化時との違い，崩壊された手話，人による手話表現の違い，伝わらないストレス，リアルタイムなコミュニケーション困難，筆談不可，病院不信，治療中断，一人手話，伝わらない苦しさ，怒りや寂しさ，挫折感，焦燥感，自己否定感，自己評価の低下，誰もわかってくれないという気持ち，助詞・助動詞の難しさ，日本語が苦手，筆記困難，親との関係性，家族内コミュニケーションの問題，家庭内フラストレーション，家族の孤立，家庭内暴力，家族内キーパーソンの状況変化，関係性構築の困難さ，適度な距離の難しさ，依存関係，自閉的な生活，引きこもり，ニュアンス伝達困難，家族の障害認識不足，母子密着，母子依存関係，風景を見ているような視線，無表情，無関心，高齢化による家族問題，手話通訳に不慣れ，手話通訳拒否，つながりの断絶，会話のピントのずれ，援助への抵抗，周囲の雑音を拾ってしまう補聴器，補聴器と幻聴との関係，わかったふりの習慣化，何事にもわかったという，わからないという勇気がない，日常生活における家族の葛藤，こだわりの強さ，過剰な反応，一方的な話，訂正不能，言葉より行動優先，大きな声，暴力行為，セクハラ行為，問題の繰り返し，言語理解力，コミュニケーション拒否，コミュニケーションの心配，コミュニケーショントラブル，コミュニケーション問題，診察時のコミュニケーション，職場でのコミュニケーション，概念や意味がわからない，時間感覚のなさ，時間認識の行き違い，ニュアンス伝達困難，ルールに対する概念の違い，暗黙の了解の理解の難しさ，常識とのずれ，自分を見つめる作業の欠如，家族の抱え込み，支援者への万能的な期待，支援者との相性，思い入れ，孤立感，諦めの表現，聴者社会に入る勇気，自分の事をどう伝えていいのかわからない，言語が自我発達に与える影響，二重の閉塞性，情報不足からくる妄想，行動障害，少ない情報による決定，選択肢の少なさ，文字情報だけの判断，自己決定の難しさ，処理能力不足，生活上の問題，対人関係障害，判断能力不十分，医療継続困難，顔馴染みの病院拒否，被害妄想，同じことの繰り返し，病状の波，妄想的な文章，幻聴について，障害発生の順番，語彙の少なさ，家族の受け入れ不可，日常生活上のトラブル，人間関係の難しさ，他患への影響，他者（聞こえる人）とかかわることによるストレス，かかわりゆえのトラブル，家族の否認，家族の通訳派遣への理解不足，障害の受容困難，時間がかかる障害受容，病識のなさ，否認，視線の合わなさ，反応の乏しさ，下を向いて話す，不就学，教育歴，家族歴の問題，集団生活の乏しさ，高齢からの手話習得の難しさ，認知症の問題，手話通訳への抵抗，手話通訳者への依存，施設入所による退行依存，長期入院の弊害，幼少期からの施設生活による弊害，社会経験なし，社会性の欠如，社会環境を広げることによる問題，初めての体験が多い，頼み方の問題，社会資源活用の拒否，手続きが面倒，的確に伝わらない，辻褄の合わない話，会話の疲労感，ろう者のアイデンティティ不明確，必要時のみの補聴器，聞こえの限界，聴力低下，聴覚機能の影響

資料編

2 「支援者に関する困難性」二次データ一覧表

支援者の陰性感情,支援者の気持ちの揺れ,支援者が振り回される,支援者の救世主願望,無力感,自問自答,あきらめ,悶もんとした気持ち,行き違いによるストレス,支援の行き詰まり,個人の取り組みの限界,支援者の抱え込み,言葉が通じない,手話ができない,手話習得の難しさ,片言の手話による間違った判断,筆談やパソコン筆記の不十分さ,コミュニケーション不足,タイミングがつかめない,第三者を挟んでのコミュニケーション,会話の難しさ,手話通訳の役割,手話通訳者の立場,手話通訳業務のあいまいさ,ボランティア通訳,手話通訳利用のデメリット,素人判断,ボランティア的お世話,専門性のなさ,勉強不足,当事者スタッフの迷い,「ろう」と「支援者」の二つの立場,専門家と聞こえないことの二つの立場,聞こえないことへの無理解,無知,表層的な部分のみの理解,曖昧さの伝え方,手話変換困難,伝えられない言葉,専門用語の手話,手話によるニュアンス伝達困難,障害だから仕方がないという気持ち,ろうあ者相談員の役割,ろうあ者相談員の業務範囲,ろうあ者相談員の位置づけの不明確さ,相談か通訳か,通訳者への依存,勘に頼るコミュニケーション,試行錯誤,手探り状態,経験不足,精神病に対する偏った見方,支援者の負担感,多くの時間を費やすことによる負担,手話通訳者の身分保証曖昧,聞こえないでのケースカンファレンス参加困難,支援者自身の健康問題,手話通訳のやり方への迷い,頸肩腕症候群,ノートテイクによる疲労感,伝達確認の難しさ,利用者を受け止められない,支援者自身のメンタルヘルス,燃え尽き症候群,一人では対応困難,強い責任感と兼務の限界,個人の努力に依存,立場を外れての支援,親の思いへの巻き込まれ,「平等なケア」と「個別性を重視したケア」,他の患者とのケアのバランス,特別扱いと思われる,精神と聴覚のバランスのとれた支援ができているか,かかわり方の悩み,答えのない状態,賛否両論の意見,自己流な対応でいいのか,自信がない,慢性的なわからなさ,困っていることがわからない,わからないから聞けない,大きなお世話と捉えられる,双方の意思の相違,感覚頼り,想いだけの支援,直観頼り,善意だけ,熱意だけで成立している支援,本人の勘や資質への依存,試行錯誤のかかわり,試行錯誤の繰り返し,支援者の偏見,本人不在,援助者が身を引くことで起こるバリア,環境要因に自分が関わっていることに無自覚,無意識な支援者,支援者の葛藤,対等な対応が必要か,認識のズレ,聞こえないことへの認識の違い,意識のズレ,決めつけによる対応,相手の痛みの理解困難,理解不足による対応困難,情報不足,病院選びの方法がわからない,機関紹介への迷い,解決できない問題,本人のペースとの違い

3 「専門性に関する困難性」二次データ一覧表

カウンセリングの難しさ,グループワークの難しさ,言語グループへの参加困難,集団場面でのコミュニケーション困難,アセスメントの難しさ,病気か性格か,医療の対象か,心因反応かコンプレックスか,ろう者特有の反応か,情報保障の少なさか,体調不良と精神症状,心理テストの信頼性,陰性症状と怠け,行動特性と精神症状,診断の難しさ,誤診の可能性,病状判断の不明確さ,診断への迷い,独り手話は病的か,認知症の判断困難,聴覚障害による精神症状の見落とし,プランだけが浮き上がる,カウンセリングにおける手話変換の問題,手話でどこまでカウンセリング出来るのか,分野別の専門性の偏り,自分の専門分野に特化した専門性,他の分野はわからない,プライバシー保護の問題,個別性の軽視,ニーズ把握の難しさ,情報収集の難しさ,主訴把握困難,ランニングの難しさ,目標設定の難しさ,支援関係構築・維持の難しさ,伝え方の技術不足,専門用語の使い方,抽象概念の伝え方,筆談のメリットデメリット,普段と診察場面のコミュニケーションの違い,情緒的コミュニケーションの取り方,個別支援の限界,適切な療法ができない,前面にある障害への囚われ,聴覚障害による二次的影響か,問題の複雑化,相談員の専門性のなさ,専門知識不足,行動特性の理解不足,どちらの障害からくるものか,聴覚障害の側面のみの対応,重複障害の特

性理解の難しさ，精神症状への対応困難，聞こえない人の幻聴への疑問，ネットワーキングの技術不足，当事者ケース会議のマネジメント不足，手話を使えばいい問題ではない，重複障害者への精神的ケアの難しさ

4 「支援者間に関する困難性」二次データ一覧表

ネットワーク作りの難しさ，キーステーションがない，キーパーソン不在，ネットワークの弱さ，ネットワークの機能不全，他領域連携の難しさ，チームワーク作りの難しさ，他障害の関係者とのかかわりのなさ，スタンスのズレ，支援者間の意見の違い，通訳と医師との連携困難，通訳と医師との言葉の食い違い，言葉のあやのズレ，通訳と医師の考えの違い，面接・受診場面での連携の問題，二つの領域の交流不足，情報交換のなさ，ネットワークの落とし穴，専門家のプライドのぶつかり，職種による発言の違い，スタッフ間の理解のなさ，カンファレンスでの問題，スタッフ同士の議論が少ない，意見の主張の仕方のわからなさ，伝達不備，交渉困難，医療における守秘義務，支援者を支えるネットワークの不備，施設職員を通してのコミュニケーション，スタッフによる理解の差，コンサルテーションのなさ，支援者の価値観の違い，支援者への支援のなさ，支援者の悩みを出す場がない，支援の相談ができる人の不在，その場限りのカンファレンス，医学的発想のみでの進め方

5 「組織に関する困難性」二次データ一覧表

前例がない・経験がないという理由での受け入れ拒否，施設受け入れ困難，たらい回し，つながりの断絶，派遣コーディネーターの不在，派遣導入・同行の拒否，通訳者の精神科病院への派遣困難，集団場面への派遣困難，通過施設という規定，運営上の難しさ，医療経済的な難しさ，時間がかかる面接，組織の方針のなさと制限，対応の統一化の未確立，手話通訳派遣に関する問題，面倒な手話通訳派遣手続き，生活の場への通訳困難，置き去りにされている身障者，施設依存，施設の抱え込み，環境整備の問題，隔離環境，専門病棟の是非，部屋のスペース，病院経営上の問題，専門外来の負担の大きさ，扱いやすい聴覚障害者の長期入院，職員体制の問題，組織に規定された業務，問題意識の弱い施設，ろうの知識のない病院，治らない障害者は病院の対象外という認識，兼務業務，雇用関係による業務範囲の縛り，二つの立場，アウトリーチ困難，組織と専門職の関係，機関の理解不足，上司の無理解，職員の人事異動・退職，入れ替わりが激しいスタッフ，担当者交代の弊害，スタッフへの支援体制の不備，スーパーバイザー不在，個人の努力に依存，リスクマネジメント体制のなさ，手話を使える人材不足，マンパワー不足，現場の多忙さ，福祉施設での医療職の立場，業務範囲の捉え方の違い

6 「社会資源・制度に関する困難性」二次データ一覧表

社会資源の少なさ，受け入れ施設の少なさ，受け皿の少なさ，施設が限定される，病院への依存，相談窓口の未整備，必要な社会資源がわからない，法律・制度の縛り，重複障害者へのシステム不備，スタッフ体制，補助金，利用期間，ルール外の仕事をしないと対応できない現状，障害認定・介護認定の問題，聴力のみに頼る手帳の等級認定，聴覚障害による社会的不利が考慮されていない介護保険，介護審査の方法不明瞭，制度活用の難しさ，施設内の制度利用困難，重複障害の場合の制度利用の難しさ，当事者・家族以外の人からの申請や相談の難しさ，コミュニケーション保障制度の問題，聞こえの保障のみでは限界，保障制度体制の問題，制度の派遣対象外，縦割り行政の弊害，全体把握困難，行政窓口の分化

資　料　編

7　「地域社会に関する困難性」二次データ一覧表

地域性の問題，地方での専門機関の少なさ，関係機関の少なさ，地域性の寸断，不便な地域・遠方・地方におけるネットワーク作りの難しさ，通訳システムの違い，世間体，地域コンフリクト，周囲への理解促進への悩み，近所での役割の免除，自治会への通訳者同行の拒否，わかりにくいゆえの誤解や偏見，ツンボ・オシという言葉，補聴器をつけていれば聞こえる，聞こえない人という一括りの考え方，中途失聴者への理解・フォローのなさ，地域コミュニティにおける問題，近隣の噂，噂から誤解へ，近所付き合いのなさ，地域での情報不足，子どもへのいじめ，相談できる場やコミュニケーションできる場がない，言語文化の違い，価値観の反映された言葉，真意の把握，曖昧な言葉の言語変換，日本語の複雑さ，否定的なニュアンスの言葉，複雑な言葉の意味，歴史への理解不足，健聴者と聴覚障害者の世界の違い，難聴者の中途半端な文化，文化間のギャップ，コンピューター社会への不適応，情報社会についていけない，ろうコミュニティに関する問題，親密さ狭さゆえの弊害，ろうあ者同士の難しさ，プライバシーの問題，噂や情報の広がりの早さ，間違った情報の広がり，インテグレーション教育の弊害，不登校問題，ろう教育，ろう学校の問題，発語指導やLD学級のなさ，ろう教育が障害受容に与える影響，ろうコミュニティへの不適応，当事者同士の影響性のデメリット

8　「専門家集団に関する困難性」二次データ一覧表

研修の場がない，一般的な研修に行っても聴覚障害の問題への共通認識が持てない，実践の伝承の難しさ，専門的教育のなさ，実態把握のデータなし，データがないため一般化して説明しづらい，当事者スタッフの活動の場がない

資料2　M-GTA分析ワークシート

ワークシート1

概念名	視覚を研ぎ澄ます
定義	相手の言動や周辺情報をキャッチするためにも，支援者が自らの視覚を中心に感覚を研ぎ澄ますこと。
ヴァリエーション	・今までよりも，こういう会話の間とか，雰囲気とか，視覚的なものとか，感覚的なものとかが，鋭くなったと思いますね，自分自身が。見る部分と，どうしても伝わらないから感じたいという部分がありますね。そういう面で自分で言うのはおかしいですけど，感覚は鋭くなったような気がします（C）。 ・「あの人どうしてるんだろう」って思う力はつけたいなと思う。気が利かないから常に見ているわけじゃないんだけど，「あの人耳が聞こえないから情報はいっているかな」とか。それから，いつでも「私は気が利かないから，私を見たら聞く様にして」って言っておくとか。…それが必要だなって思うんだよね（I）。 ・自分が言っていることがどこまで伝わっているのか，相手がどこまで表現できているのか，というのを，きちんと表情とかいろんなところで，最大限の力を使ってキャッチしなければいけなんだ私たちは，ということを気付かせてもらった（L）。 ・今までの生活で，聞こえない中で自分が培ってきたやり方とか。彼ら独特な世界にもアンテナを持つってことかな（P）。
理論的メモ	・感覚機能に障害があり，かつ複合的なコミュニケーションの障害を抱えている人への支援においては，相手の情報やメッセージをキャッチし理解を深めるために，ソーシャルワーカー自身が自らの感覚を研ぎ澄まし，感覚を鋭くすることが必要となってくるのではないか。 ・そのためには相手の状況を想像し，会話の間や雰囲気を感知するアンテナを持つことが求められる。 ・ソーシャルワーカーの感覚・感性。 ・聴覚障害があるからこそ，視覚を中心に非言語表現からその人を理解しようとしているのではないか。 ・ここでは相手の聴覚のアセスメントが抜け落ちている。聴覚障害ということを一面的に捉え，対応しているのではないか。 ・更に，本来なら聴覚も含めて全ての感覚を研ぎ澄ます必要があるにもかかわらず，聴覚が抜け落ちている。 ・視覚しか使っていないことで，聴覚障害と同一化してしまう危険性あり。PSWは自らの聴覚を使っていない？ ・相手の世界を想像し「聞こえにくい生活を推測する」への影響性あり。

ワークシート2

概 念 名	音のない生活を推測する
定　　義	聞こえない，聞こえにくいことから生じる生活上の困難さや，音のない世界で生きてきたその人の人生を推測すること。
ヴァリエーション	・聞こえないという生きづらさ，まあ障害というのを持って，更にそこに病気になってしまって，その中でどうやって病院の中で生きてきたのかとか，そういうことを自分で考えるようになりましたね（C）。 ・「何で小銭がいっぱいなのかな」って聞いたときに，「やりとりがやっぱり面倒くさい」って。「これいくら？」っていうのが。だから，面倒くさいから，だいたい物の商品の値段以上のお金をポンっと大きな紙で出す。必ずおつりがそこでは返ってくる。彼が渡すのはお札。それで小銭。ああそうなんだって思って。それがすごい何かこの人の生活の中で，やっぱり私たちが平素できることとできないことを割愛しちゃってやってきているんだっていうのが印象的だったかな（P）。 ・不自由さをどうやって自分で工夫しているのか。でも，工夫の中でもしたつもりでも結構，二次的，三次的に不便さを広げちゃってるようなこともあるんじゃないかと。それで本人が怒るわけじゃないしね。だって，それが彼らの生きる工夫だったからね（P）。 ・なんでも「うん，うん」って言うのは聞こえない人の特性じゃなくて，自分のわからない言葉でまくしたてられた時には，わかったことにするというのは人間の基本的な処世術やと思うんですよ。聞こえる人も海外旅行に行った時，言葉が通じひん時って同じようになるので，聞こえない人達は常にそういう状況にある。それが口話で言われたときもそうだし，手話でしゃべりかけられた時も，もしかしたらわかってなくても「うん」ということも，似たような問題であるかもしれない（B）。 ・勝手な解釈をし続けてきたことは多分聞こえないことのハンデを自分なりにプライドもあるので聞き返さないとか，そういう生き方をしてきた人だなということがわかって，聞こえないことはもしかしたら何かあるのかもしれないということをちょっと思い始めた時期だったんです（A）。
理論的メモ	・聞こえないことで生じる困難さを想像すること，相手の状況を自分の身に置き換え想像することが大切なのではないか。 ・相手の人生を想像するきっかけとなる出来事は病状悪化や支援の行き詰まりなど，支援全体の流れの中でターニングポイントとなる場合が多いのではないか。 ・ただし，推測の域を出ていないと，一方的な想像で終わってしまう。 ・聴覚障害を「聞こえない人」と一面的に捉えている可能性はないか？ ・つまり，聴覚障害を「聞こえない」とし，全く聴覚を持たないと決めて相手の世界を推測してしまっているのでは？ ・「推測」することと「想像」することの違いは？ ・「視覚を研ぎ澄ます」からの流れあり。「見守りの留意点に気づく」につながる。

ワークシート3

概　念　名	見守りの留意点に気づく
定　　　義	聞こえにくい人にとっての視覚の影響を，支援における見守りの留意点として意識すること。
ヴァリエーション	・彼は自分が見られていると思うから睨み返している。私たちは一生懸命聞こえない人だから観察して見守っているんだけど，彼にしたら注視なんだよね。注視をされていると思ってカアッとなっていくんだよね。注察妄想があるから，彼に「注察妄想が出てきた」という申し送りがあった時に，余計にこっちも注察していくんだけど，それこそ関心を持って注意して見守っていたんだけど（A）。 ・○さんは，たとえば私と△さんが話しているとして，それを見て「自分のこと言ってただろ」「何言ってたんだ」とか聞いてくるじゃない。そういうふうに受け取るというか，そこで大体は「○さんのことじゃないよ」で話は終わるんだけど，病状によっては「笑ってたじゃないか」「俺のこと笑ってただろ！」みたいな感じで（F）。
理論的メモ	・聴覚障害による視覚の影響の大きさと，精神症状による被害関係妄想などを整理する必要あり。 ・専門知識に基づく正確な理解をしておかないと，病状と支援のミスマッチが生じてくることが多々あるのではないか。 ・支援者が自らの視覚ばかりに頼り過ぎている結果生じやすくなる現象ともいえるのではないか。 ・見る─見られる関係を意識する。 ・「音のない生活を推測する」ことから「見守りの留意点に気づく」ことへつながる。

ワークシート4

概　念　名	やりとりの観察
定　　　義	かかわりのスタート地点として，まずその場で展開されている対人コミュニケーションを観察すること。
ヴァリエーション	・スタッフとのやりとりをまずどうしてるんだろうって見るわけじゃない。そうすると，みな広告用紙持って紙を持ってだいたいやってる。じゃあ，筆談なんだと。そこでひとつスタッフと患者さんのコミュニケーション方法を確認した。もうひとつは，双方ともにそれができあがってるんだなと確認できたのは，彼が入ってくるとボールペンと紙という感じでいくので，○さんみたいな人に対してはこの病棟ではこういうコミュニケーションなんだなというのが観察できた（A）。 ・「この人，手話ができるのかな」と思って，見たら手が動いていたり，私がちょっと何かしてみたら，動いたりとかあったので「あっできるだろうな」と思って（A）。 ・一対一は困らない人はグループではどうしているのかなという関心と患者さん同士のコミュニケーションはどんなことがあるのかなというのが，多分なんかさりげなく見始めた…どうしているんだろうなということを，多分折に触れ無意識にも意識的にも観察し始めた（A）。

資 料 編

	・最初，彼は先天性のろうあかなと思ったんだけど，カルテを読んでいくうちに違うということがわかり，文字を獲得してから失聴していることがわかることで，これだけ筆談能力が高いのがわかった（A）。 ・「あ～聞こえないんだ」と思って，周りの人の対応を真似しました。看護師さんだったりとか，周りの人との仲が良かったようなので。筆記ノートをその方がもってやりとりしているのを見て，「ああこうやってやればいいんだ」と思って（J）。 ・他のデイケアスタッフが手話じゃなくても，「書きポン」とかジェスチャーとかでかなりコミュニケーションをとっているなというのがわかったし。あと，将棋を通じて他のメンバーとのかかわりがあるのが見れてきていて（G）。
理論的メモ	・特に聴覚障害と精神障害をあわせもつ人の場合，どのようにコミュニケーションをとっていくかが，かかわりのきっかけを掴んでいく大きな重要な要素となるため，コミュニケーションの観察は重要。 ・その場で今まで行われていたコミュニケーション方法を観察し，真似てみることなどを通じて，生じた疑問を確認しながら，かかわりのスタート地点や介入ポイントを見定めている。 ・コミュニケーションプロセスの第一段階としての位置づけ。 ・支援の導入期でもある。 ・PSWの観察力。視覚による観察が中心となっている。

ワークシート5

概　念　名	試行錯誤による調整
定　　　義	自らの表情や声や身体などを使い，互いのコミュニケーションの調整を行うこと。
ヴァリエーション	・はじめての利用者さんの目の前に行った時に相手が聴力がどのくらいかはわからないので，まずはゆっくり大きな口開いてわかりやすくはじめてしゃべっていく中で「どうです。この位の声は？」ってね。少しずつボリューム上げながら，落としながら確認していくのよ。何となくそういうのが身についちゃっててね。…まず聴力はどうなのかなと気にするようになってきたよね（H）。 ・聞こえない人のそばで位置をとって，いろんなタイミングの中で確認をしたりというのはわかっていたんで，一番最初に訪問した時に僕は実に○さんの隣の位置がとれたので，「今調査があってね。介護度出たら僕がケアマネになるから」って話は最初からできたんだよね（H）。 ・補聴器付けてもなかなか電話での会話が難しいんで，やっぱり「今度行った時にゆっくり話すからね」みたいな言い方で安心させて，すぐ訪問しないと上手くつながらないかもしれない。…顔を見ながらの方がわかりやすいしね。筆談するにしてもそばでね。電話は本当に温度差がありすぎて。だって，補聴器だとか電話に特殊な機能が付いていてもなかなか難しいしね（H）。

理論的メモ	・聴覚障害と精神障害をあわせもつ人への支援導入においては，聴力の程度や相手が見える位置どりなど，支援者自身の表情や声など身体を使って，相手のコミュニケーション方法を確認していくことが必要である。 ・コミュニケーション方法は場や状況によっても異なるのではないか？その都度，チューニングしていくことが必要である。 ・アセスメントの重要性。 ・はじめての直接的かかわりである「出会い」の時期。 ・コミュニケーションプロセスの第二段階としての位置付け。

ワークシート6

概念名	伝えたことを見届ける
定義	伝えたことが届いているのかの再確認とコミュニケーションの点検作業を行うこと。
ヴァリエーション	・伝えたつもりっていうのが一番良くない。なので，伝えたというのは伝わってはじめて伝えたことになるので，言ったから伝わったわけじゃなくて，受け取ってもらえて理解してもらえて，はじめて伝えたことになるというところを間違えると，手話ができるから伝わったでもないし。その意味がちゃんと入っているかどうかは別なんですよね（B）。 ・伝えたつもりにならないことを再認識させられる人たちではありますよね。伝わったつもりになっていたり，聞いてもらえてたつもりになってたりということを，再認識させてくれる方々ではありますね（B）。 ・「わからないことあった？」とかその確認が必要なのかもね。ただ，書いてくれているからわかっただろうってなっちゃうから。その辺の視点を持っていないといけないんじゃないかなって思う。…だから，点検とか確認することが必要かなと思う（F）。 ・言葉をどこまでわかっているのか，自分の言葉をどこまで伝えられているのかというのを，ちゃんと見なきゃって。一応，形だけうなづいているから，わかったなと流してしまうとダメだと，それは本当に誰でもですけど改めて気づかせてもらいました（L）。
理論的メモ	・聴覚障害と精神障害をあわせもつ人とのやりとりでは，コミュニケーションの細かな行き違いによって，その場ではわかってもらえたと思っても，実はわかってもらえてなかったという場合が多いのではないか。 ・伝えたことが届いているかどうか，伝えたつもりで終わらず，届いたかどうかを確認していくことが必要なのではないか。 ・PSWが改めてコミュニケーション本来の意味を考え直すことにもなる。 ・モニタリングの大切さ。第三者からの複眼的視点があるとコミュニケーションの点検は行いやすいのでは？→コミュニケーションの自己点検と他者点検，相互点検，チームによる点検。 ・コミュニケーションの確認と点検としてコミュニケーションプロセスの第三段階に位置づけられる。

ワークシート7

概　念　名	何気ない会話の意識化
定　　　義	聞こえにくい人とかかわりながら，普段無意識に行っている自らのコミュニケーションの特性や癖などを意識すること。
ヴァリエーション	・向こうもそうなんだろうけど，何をどう伝わってるんだろうって不安になるもんね。…実は自分がペラペラしゃべってることだって…何か自分だってそうだよね。半分くらいしか聞いてないこと多いしさ。…患者さんにどこまで伝わってるんだろうってことに関して実は伝わってないのかもしれないけど，普段そんなにそこまで意識しないことをどうやったら伝わるだろうって思うもんね（M）。 ・うん。私たちがきっと聞こえてることで獲得させてもらえている何かがあるのかな，情緒というか何というか（P）。
理論的メモ	・聴覚障害と精神障害をあわせもつ人への支援の中で，普段無意識に行っている自らのコミュニケーションが意識化させられることがあるのではないか。 ・支援者自身が聞こえていることで獲得させてもらっていることを自覚することで，聞こえない人の生活上の困難さの理解が深まることもある。 ・コミュニケーションを意識化することで，聴覚障害のみに焦点化するのではなく，コミュニケーションの普遍的要素が見いだせてくる。 ・コミュニケーションの自覚。無意識の意識化。 ・コミュニケーションプロセスの第四段階。

ワークシート8

概　念　名	解釈の違いに気づく
定　　　義	コミュニケーションの要素として，「ことば」の解釈について探っていくこと。
ヴァリエーション	・このズレが修復できない。…そのズレの度にそのズレの原因が何だということになると，文字面がわかっていても，そのことの意味が彼の解釈と私たちの解釈がズレているということの理解に至るんです。なんでズレているかっていったら，その獲得体験が違うとしか結論が出せない（A）。 ・言葉の問題じゃないんだということに行きついたわけよ。言葉の問題じゃなくて，「その言葉の持つ意味が理解されていないんだ」「その言葉の持つ意味が彼の生活の中で獲得されていないんだ」ということがわかってくるわけですよ。…意味が伴った言葉として理解されているのかということと，文字として文字面を知っているのは多分違う（A）。 ・○さんにはうまく手話を使える事はうれしかったんだけど，その分，「わかるだろ」という感じで，○さんとぶつかったこともあったね。…「どうしてわからないの！僕の言うことがどうしてわからないの！」と言われて，私も「なんで，私の言うことがわからないの！」という感じで（F）。 ・「伝わる，伝わらない」という感じが手話以外でも伝わるところがあるし，場合によっては，かなりねじれて伝わっているところもあるし，そう考えるとあんまり伝わるのか伝わってないのかというのが，手話の表現の作用によって違うのか，本当にそんなに変化があったりするのかなというところがよくわからない（G）。

理論的メモ	・手話ができればコミュニケーションは問題がないのか？ ・言語コミュニケーションのみにこだわらず，コミュニケーションやことばについて考えていく必要あり。 ・特に先天性のろう者や幼少期に聞こえなくなった人の場合，言語獲得のプロセスの違いからくることばの解釈の違いが，コミュニケーションのズレの要因の一つにあるのではないか。 ・ことばの意味がおちていくプロセスを探っていくと同時に，どのような言語獲得体験をしてきたのかを知る必要があるのではないか。 ・実感を伴ったことばの意味の習得とは…。 　→文字と意味の関係 　　・頭での理解（知的理解）：文字→意味 　　・身体での理解（体感理解）：意味→文字 ・言語の問題だけじゃない？ ・「ことば」の意味合い。記号としての「ことば」と意味としての「ことば」の違い。 ・手話という「ことば」について考える。 ・コミュニケーションの道具でもある「ことば」について考えるプロセスの第一段階。

ワークシート9

概　念　名	非言語表現への気配り
定　　　義	表情や態度などから，自然と伝わってしまう非言語的要素を含めて，「ことば」として認識すること。
ヴァリエーション	・そっか…言葉って何よって。言葉って結局想いを伝える，こちらが言いたいことを伝えるための道具であって，だからわれわれ非言語コミュニケーションって言ってるじゃん，日頃からって。非言語コミュニケーションって言っているのに，こういう時に言語コミュニケーションを大事にしようとしたわけでしょ。その人にとっての言語が手話だから，言語コミュニケーションを大事にしようと思ったんでしょ。〇先生（医師）は非言語でボディランゲージでやって，それが伝わったんだよ。最終的には，そうふんでるのね。…「あらっ？何か大事にしていることを私間違ってない？」って。でも，それが聞こえない人だからこそ，余計にそこを意識しちゃってる言語コミュニケーションって何かそれをやろうとしている自分があるんだろうなと，その時反省して（A）。 ・怒ってるっていうのは，顔でわかるわけじゃん。「怒ってる」って手話やらなくても。だから，そこも誤魔化せないところってあるわけじゃない。…だから，普通は口で誤魔化しちゃうってことができるじゃん。心の中では怒ってるけど，とりあえず怒らないように穏やかに話して口では言えるけど。手話って表情込みだから，自然と表情を向こうも伝えてくるし，私も伝えちゃう。そうすると，なんだろうな，バチバチしちゃう（F）。 ・耳が聞こえない人は勝手に判断するので。勝手にというのは，私たちの動作を見て，「あの人私と話すのを嫌がっているな」とか，「他の人を選んだ」とか。それは事実なんだよ。だって，私はあなたよりこっちを選んだっていうのは事実じゃん。後でねっていくら言っても，後にしたんだから。そういうのは，目がいいから，表情とか全部読み取るじゃない。目がいいから（I）。

	・表層的なところの駆け引きでしかおちないっていうか．何だろう…．それが良いとか悪いとか，善悪とか道徳的なところでとかさ，「それが社会のルールで」っていう話で詰めていっても，何かこっちの顔で怒ってる，言葉で書いていることよりも，こっちの表情で，「△怒っている」「ごめんね」みたいな（P）． ・こちらが伝えられないのも大変だけど，相手が伝えてくれないのももっと…．伝えてくれないけど，言葉では伝えてくれないけど，みるからに何かを伝えているとき，どのように対応していいのかということなんだよね（G）．
理論的メモ	・視覚の役割が大きいという認識を持ち，言葉以外で伝わるもの，非言語コミュニケーションを支援者はより意識する必要があるのではないか． ・「伝える」ことのみならず，意図せず「伝わる」こともあることを知っておくことが必要なのではないか． ・また，相手の非言語で伝えられることをどうキャッチするか． ・ことばとしての非言語表現．言語表現と非言語表現をすべて含めて「ことば」として認識する．非言語コミュニケーションの意識化，重要性． ・「ことば」について考えるプロセスの第二段階．

ワークシート10

概　念　名	暴力について考える
定　　　義	支援者が暴力を受けた体験と向き合い，身体言語として暴力を捉え，そこで表現されたことの意味を考えていくこと．
ヴァリエーション	・（威嚇されて）まずは怖かったですね．殴られるというのを覚悟しました．そして，ここは一回私は殴られた方がいいかもしれないと思いました．…あの時なんでだったかわからないけど，そこで変に逃げてしまうことで彼との信頼関係がますます傷ついてしまうのかなと思ったり，ここは他の人だったら，「ちょっと待ってよ」とか言葉でのやりとりができる．でも，それができなくなってしまった時には，彼がやることを私は全部受け止めた方がいいのかなというような感覚．言葉にするのはちょっと難しいけど，ここは一回殴られた方がいいかもしれないと思ったんですよね（L）． ・私一回も暴力ふるわれたことなかったんですけど，傘で殴られたんですよね．バシンって殴られて，道中無言やったんですよね．帰り道電車に乗って30分しゃべってくれないんですよ．殴られたあとね．それも別に興奮してじゃなくて，押さえられへん何かがあったんかわからへんですけどね．（暴力を受けて）なんて言うのかな…痛いとかじゃないんですよ．もうどうしたらいいんやろ，「わかる」って思ったんですよ．何とも言えへん「今もう何か殴りたくなるよな，自分」っていう．その「どこにおいていいかわからへん気持ちがきっと起きてるんやね」っていうのが，わかったらあかんのかもしれんけど，何かわかった気がしたんですよね．だから，怒る気にもなれないし，「何するんや」っていうのもないんですよ．何ですんのかわかった気がするから．叩かれてても普通な気がして．（私も）避けるわけでもなく．でも，（相手も）何回も叩き続けるわけじゃなく，プルプル震えてはる状態やから（B）． ・言うことが伝わらへんから暴力でという方に対して，言葉を取り戻してもらって，「要求を出してもいいんや」ということを，「暴力という表現手段は認

	めない」ということと対峙していって，暴力以外の要求を突き付けてくれたら，それに最大限寄り添えるような…基礎的な信頼関係を作るところからやっていかないといけない（B）。
理論的メモ	・聴覚障害と精神障害をあわせもつ人から，暴力を受けた，受けそうになったという体験をしている支援者は多いのではないか。 　→調査協力者自身の体験としてはないが，暴力や威嚇された場面を見聞きしたことの語りは数例あり。 ・言葉で伝えられないことを暴力という手段で表現することをどうとらえるか？暴力も表現方法のひとつという考え方でいいのか？→「ことば」について考えるプロセスのひとつの段階となる。 ・リスクマネジメントの視点とコミュニケーションの視点，双方から暴力について考える必要があるのではないか。 ・支援者が暴力を受けた時どのように感じるのか，その状況や関係による違いはあるのか。 ・「専門職としての私」と「個人としての私」の間で気持ちの葛藤があるのでないか。→支援者の「怖い」という感情をどう考えるか…。 ・暴力や威嚇行為に対して向き合い考え続けることは，聴覚障害と精神障害をあわせもつ人の場合，特にコミュニケーションや支援関係について考えを深めることにもなり，支援のターニングポイントとなるのではないか。 ・暴力行為から逃げることは必要である。しかし，暴力行為に至る経緯や理由を考えることに支援者は逃げず向き合わなければならないのではないか。 ・身体言語として暴力を捉える？ことばの代替手段となってしまう危険性あり。

ワークシート11

概　念　名	言動に意味を見出す
定　　　義	わからない言動に向き合い，本人とのやりとりや，周囲からの情報をつなぎ合わせ，そこに「ことば」としての意味を見出していくこと。
ヴァリエーション	・私もわからへんかったんですよ。情動行動みたいなもんなんかなと思ってたんですよ。意味のないことをやってんのかなと思ってたら，それと過去のカルテと，その方の同級生らしきろうあ協会の人たちと出会った時の話をつなげ合わせていくと，彼の昔，過去あったことをパントマイムで表現していることがわかってきたりするんですよ。そういうのがわかったときに彼が言っていることは，無意味なことを，わけのわからんことを言っているんではなくて，とっても意味のあることを伝えようとしてたんやということがわかったんやというようなね（B）。 ・言葉の学習会というのをやったりね。手話も忘れてしまっていて訴えもすることもできなくなっていた彼の言葉を拾い上げて，「ようやってはるあの表現ありますやん」って言って，「こうこうこうやって，こういうのようやってはるでしょう。あれって実はこういう意味なんですよ。日本語で言うと」って。…言葉を表にしていったんですよ。彼が表現しているジェスチャー，身ぶり，手話というのを，日本語で言うとこうなんですというのをやって，それを詰所の中でやって，彼からも見えるようにしたんですよ（B）。 ・特に精神科領域の場合は，言葉の中にその人の弱さも強さもそれからエンパワメントしていけるきっかけも見出すことができるから，言葉が媒体になっ

	ていることが多いので,その言葉にどう向き合うかというのがとても大事(A).
理論的メモ	・特に聴覚障害と精神障害をあわせもつ人の場合,言語以外（言語の場合も直接的でない表現）で自己表現されていることが多いため,その人の言動には,何らかのメッセージが含まれると考え,本人にとっての意味を探っていくプロセスが大切なのではないか. ・本人とのコミュニケーションの積み重ねや様々な情報の中で,表現していることの文脈や意味がわかること,わかったことを本人に確認しながら共有していくプロセスが重要. ・本人が表現していること,「ことば」と向き合う. ・わからない言動に向き合う姿勢.「ことば」として捉え直すことで見えてくるものがある. ・「ことば」について考えるプロセスの第四段階.

ワークシート12

概　念　名	視野に入れてもらう努力
定　　義	相手のテリトリーに入れてもらうことで,支援関係を作りながら,多側面からの情報を得る努力をすること.
ヴァリエーション	・聞こえないということで良くも悪くも自分の世界というのを作りやすい感じがする.騒音が聞こえないとか,目に入るけど無視するとか,嫌なものとかを.そういうのを少し変わっていくというところで,何度かその視野の中に入れてもらうところをこっちは最初がんばんなきゃいけないのかなと思って…(G). ・やっぱりどっちに話を聞くかによって相手の土俵に乗るのか,こちらの土俵に乗せるのかでは随分それは情報が違う.特に聞こえない人の情報はカルテに書かれていない情報がいっぱいあるわけですよ.わからないがために.それをやっぱり聞き出すためには,いかに向こうの土俵に入るかというのが,結構大事なこと(A). ・コミュニケーションツールはたくさん持っていたほうがいいなと.手話もわかるなら,多少出来たほうがいいかなと思って.本人が今までどうやって周りの人と関わっていたかという情報をたくさん得られるような機会をたくさん作ったほうがいいかな(J).
理論的メモ	・特に聴覚障害と精神障害をあわせもつ人の場合,日常生活における人とのかかわりの幅が狭いことが多く,本人自らも自分の世界に入りやすい傾向があるのではないか. ・本人と関係者の間にコミュニケーションの齟齬があれば,周囲からの情報が偏っていたり,情報自体が間違っている可能性も出てくるのではないか. ・まずは,彼らの視野に入れてもらうことが支援者にとっての最初のがんばりどころ.そのためには,日常のさりげない些細なコミュニケーションを大切にし,支援関係を作りながら本人側から情報を得ていくことが必要. ・マイノリティの人達は他者（特に権力関係）から抑圧された経験を持っている.基本的に支援者や専門家といわれる人を信用していない場合が多い. 　→支援希求性が低い　→支援者側からその場に出向くことが必要 　⇒アウトリーチ支援の必要性

	・情報の取り方，取扱い，確認の必要性。 ・相手の土俵に入れてもらうには「時間がかかる，時間をかける」必要あり。 ・相手の土俵に入る一例として，手話を第一言語とする場合，使用言語を合わせていく姿勢が必要。また，関係づくりとして活用できる。→「手話の副次的活用」への影響。

ワークシート13

概　念　名	手話の副次的活用
定　　　義	関心があるということを伝え，支援関係を作るための手段として，あえて手話を使い活用すること。
ヴァリエーション	・ちょっと手話使って話したらすごい喜んでくれて。すごく，それだけで近く感じてもらえて。だからと言って絶対手話使えないといけないというわけじゃないけど，関心があるよってことにつながるのかな，ちょっと近づけるのかなと思った（F）。 ・「あなたは手話やっているから，学んでいるという姿勢がいい」とか言われて。「全然，できないのに」って言っても，でも，仲間だと思ってくれて（I）。 ・手話が少しでもわかるスタッフがいることで，向こうが安心感とか，それなりの受け入れられている感覚につながるなら，少しでも知っておくといいと思うんですけどね（N）。 ・聴覚障害者だから筆談したり，何かやっていると，少しこちらが刺激されて「こういうのは何てやるの？」とか聞いていって，教えてくれたりとかね（K）。 ・手話のニュースとかを見たり，やっぱり長い間付き合ってて，自然と見るようになりましたね。だから，私の方が勉強させてもらってますよね。ありがたいですよ。それでも，手話が「下手だ下手だ」って言われてね（笑）（K）。
理論的メモ	・手話はコミュニケーション手段としてだけではなく，本人のことを知りたい，かかわりたいというメッセージにもなり，関係性構築のひとつの方法として活用できるのではないか。 ・メタコミュニケーションとしての活用。 ・本人の言語である手話を教えてもらうことで，支援者と利用者の関係性が柔軟になるのではないか。 ・状況によって手話の先生—生徒関係という関係性を活用し，援助関係を作っていくことができるのではないか。 ・本人のことは当事者である本人が一番の専門家であるという考え。 ・関心があることを伝えるために手話を活用する。観察からかかわりへ。 ・「視野に入れてもらう努力」の一手段としても活用できる。

ワークシート14

概　念　名	時間がかかる，時間をかける
定　　　義	情報収集，アセスメント，関係作りなど，部分的にも支援全体を通しても時間がかかることを認識し，時間をかけていくこと。
ヴァリエーション	・他のスタッフのように意思表示をしない人ということで諦めるというか，置いておくんではなくて，「要求してもらってもいい」というかかわりという，そこは時間をかけるしかないし，濃密な関係をとっていかないといけない（B）。 ・第一弾のかかわりが「週に一回横に座っていること」でいいわけじゃないですかね。そういうことを，やっぱりやっていくこと，認めてもらうこと。それを同僚から，病棟の他職種にもわかってもらう，そういうことですかね。そういうのがないとニッチもサッチもいかんという気がしてましたね（B）。 ・情報だけ伝えればいいかというと，そうじゃないんだなという。だから，ただ単に今言っていることをそのままワーッと書けば伝わるかというとそうじゃないし，「てにをは」とか微妙に違うし，やりながらそれは覚えていくもんなんですかね。…その人にあったものを根気良く探るというか…それを探す作業に時間がかかる（F）。 ・（病状が）いい時はそうやって話ができたりするんだけど，悪い時は本当に全く聞こえていないというか，眼中に入らないから…やっぱり長期的にその視点を持ち続けながらかかわっていき，何がどう必要なのかというのを見極めるには，すごい時間がかかるのかもね（F）。 ・病棟のグループで「みんなと会話している」「みんなに受け入れられた」それはものすごく所属感，帰属意識だよね。そこまで，ものすごく時間がかかったんですよ（A）。 ・100％を求めすぎない方がいいというのかな。変な意味，今日はこれだけわかることができたからそれでよしとしようとか，そういう気持ちの持ち方に段々変わっていくような感じがする。ここまで知ろうとすると，大体期待に反することが多いから，私はここまで知りたいけどこの人答えてくれないとか，どこかにプイっと行っちゃうとか，なんか向こうは満足してどこか行っちゃったとかいうことは得てしてあるんで。なんかそこら辺ばっかりを追求すると相手にイライラするし，なんかそういうところで自分のエネルギーがなえちゃうことがあるんで。そこでなんて言うの…心理抑制じゃないけど，「今日はこれ聞けたからいいか」とか，「明日はこれ聞こうか」とか，そんなふうに考え方が変わってきたようなところがあるかな…（G）。
理論的メモ	・聴覚障害と精神障害をあわせもつ人の場合，双方のコミュニケーションに課題がある場合が多く，援助の大前提である関係性の構築に時間がかかる。そこを根気強く執拗に付き合っていく必要があるのではないか。 ・個別性に応じてどこに時間をかけるのかというアセスメントも必要となるのではないか。 ・支援期間が短い場合はどう考えるのか？時間の保障。 ・根気良くアプローチしていく。あきらめないことが肝心。 ・「視野に入れてもらう努力」からの影響性の流れあり。共に時間が必要。

ワークシート15

概　念　名	「今，ここで」の対応
定　　　義	その場の状況に応じて，即座の行動により，「今，ここで」の思いを伝える努力をすること。
ヴァリエーション	・その場，その場で。もう手話通訳の人が来るのを待ってというのはしないで，何でもいいからとにかく聞こうというので，「なあに」「どうしたの」って部屋に行くとか…。…行動で示すって感じ。でも実際に聞けることは少ないし，でも…まずはそれはやっとかないといけないって意識してやっていたけどね (G)。 ・トラブルが起こった時に，あんまり待たないで，間をあけないようにしようしようというのはやっていた (G)。 ・とにかくこっちができること，筆談でも手段はともかくとしてちゃんと表現とか，そういうことしかできないけど，それをまず，100％伝わるのを気にしていたら，手話通訳の人を呼んでということになるけど，そうじゃない場面もタイミングだったりとか…あるのかなと思って (G)。 ・○さんにしても，△さんにしても，どんどんすぐに怒っちゃうじゃないですか。でも，それはオーバーにでも違うんだって言わないと，そのまま凝り固まっちゃうという経験があるんで (I)。 ・相談してきたことをまず絶対に捉える。それは，耳が聞こえないこととは関係なく，信頼関係を作るのに，耳が聞こえない人ってすぐに切っちゃうから，諦めちゃうから，その場が大事 (I)。
理論的メモ	・聴覚障害と精神障害をあわせもつ人への支援においては，言葉での説明以上に，まず相談を受け止めることが第一に必要なのではないか？受け止めようとする姿勢を示すことの重要性。 ・タイムリーな対応がメタコミュニケーションとして重要となる。内容よりも関係重視のコミュニケーション。 ・即時的コミュニケーション。 ・その場でのタイムリーな対応が必要な場面とは？ ・危機介入とタイミング，支援の優先順位。 ・「行動で伝える」と相互影響性あり。

ワークシート16

概　念　名	行動で伝える
定　　　義	本人と行動を共にしていくなかで，試行錯誤している様子をその場で伝えることで，関係を作り支援を展開していくこと。
ヴァリエーション	・○さんは夏場になると食事が取れなくなって，入院するのも頻回になるし…，世話人（PSW）は何をすべきかということを（先輩から）言われて，すごい一生懸命に考えて，御飯が食べられないなら一緒に作って，当直の時に一緒に食べればいいじゃないかって，…一夏くらいやったのね。…やったのよ。そのあとの○さんの接し方が少しずつ変わってきたような感じがある。なんか今までだともう一息よそよそしいというか，相手にされていない感じが，なんか私の強引さにびっくりしたんだと思うんだけど…それから何となくお互いに頑張って付き合っていこうという感じになって… (G)。

資 料 編

	・まさに体当たり（笑）。通じない分，釣れるもんでは全部釣ろうってみたいな感じだった（G）。 ・別に何をするわけじゃないんだけど，手をつないで売店に行くとか。あと，大グループの時に彼女に筆記をしている人がいなかったので，ちょっと意識して大きいカレンダーの裏とかを用意して書いてあげて，わかるようにして（G）。 ・お家もよく行くようになりましたしね。ヘルパーさんがいる時に行ったり，訪問看護師が行っている時に一緒に行って，彼女を入院させたり。要介護認定を受ける時に立ち会って（C）。
理論的メモ	・聴覚障害と精神障害をあわせもつ人への生活支援においては，言葉のみならず，行動をともにすることや，支援者自身の思いを行動により，目に見える形で示していくことが重要なのではないか。 ・生活上のどんな手段も支援に活用していくスキルが支援者には求められるのではないか。 ・じっくりあきらめずかかわっていくこともひとつのメタコミュニケーションとなる。 ・身体的メタコミュニケーション。関係重視。 ・持続的コミュニケーション。 ・「その場での対応」と類似性あり。

ワークシート17

概　念　名	「たらい回し」を防ぐ
定　　　義	出会いの場でまず受け止め，必要に応じて橋渡しをしていくことで「たらい回し」を防いでいくこと。
ヴァリエーション	・「この人，聴覚障害です」と言った時に，私たちは医者じゃないんだから，その診断とか疾患ではねる必要はなくてさ，このことで何が困っていて，この病院のこの機能が必要なのか，やっぱりあの病院のあの機能かもしれないなとか，…あるじゃん。アセスメントっていうものが。みんなそれをしてくれないで，さっさとどけているなと。それは何？みたいな…。そんな機能別って…。病院の機能別はあるかもしれないけど，ワーカーの機能別相談，そんなものはないでしょうと。相談の一番の重要性は聞いてほしいわけよ。聞いてもらうことで，もしかしたらそのレベルで終われるものだってあるかもしれないし，聞いてもらったということで，安心してそれで次にいける人だっているわけじゃない。そこで聞いてもらえないで「たらい回し」になることが，相談というものに対する抵抗感を生み，次のアクセスに行かなくなり，閉じこもりになり，ってなるわけじゃん。受け止めてもらえたという実感を提供するのが相談の最初の役割だと思うんだよね（A）。 ・ラベリングをする前に誰かが出会ってきちんと相談に乗るということをするべきだと思うんだけど。…アセスメントの段階では本当は出会えた方がいいんだよね。それをしないと，いつもどこかで「たらい回し」にされている人になっちゃうわけよね（A）。 ・最初の相談のところでまだ誰とも出会えてないんだなとか，困っているんだなというのがわかる相談をよく受けるわけじゃない。そこはやっぱり，誰か出会ってあげないといけないんだよね。その絶対出会っている窓口のところ

	で，精神に問題があるからここに来ている，つながったということがあるわけで，そしたら精神保健福祉士が出会う必要は100％あるじゃんって。必要最低限はあるじゃん（A）。 ・聞こえないからってことを理由に精神障害で受けられるサービスとか受けられなくなるってことだけはやっぱりあっちゃいけないと思うんで，そこであいだにはいるとか，橋渡しをするとか，クッション材になるとか，というところで調整していくところなのかな（L）。
理論的メモ	・聴覚障害があり，メンタルヘルスの問題を抱える人たちは，必要時に相談につながらない傾向が多い。結果として病状が悪化してやっと強制的に治療につながる場合も少なくないのではないか。 ・気軽に受診できない環境も考える必要あり。受診のための合理的配慮がなされているのか。→「特別扱いでなく必要な配慮」へ。 ・どの専門機関であろうと，そこに相談に来たという事実をしっかりと受け止める必要がある。まずは，相談してよかったという体験を提供することが支援の第一歩である。 ・医療機関では機能別化が進んでいるが，ソーシャルワーカーが行う初回面接では機能別化によりはじめから断る必要はない。相談に来る人は全てソーシャルワークの対象であるという認識が必要。 ・組織からはベッド稼働率や回転率を求められ，退院支援に翻弄される病院ソーシャルワーカーの現状もある。効率化優先の組織の中でどのように自らの専門性を保つことができるのか（現状分析の必要性）。 ・「たらい回し」状況を作り出さないためにも，ソーシャルワーカーは組織人であると同時に専門職である自らの使命を再認識すべきではないか。 ・ソーシャルワーカーとしての調整機能が問われる。 ・ソーシャルワークの原則を改めて認識しながら，特殊事例への対応について考える必要あり。

ワークシート18

概　念　名	特別扱いではなく必要な配慮
定　　　義	聞こえにくい人への支援環境の整備が，特別扱いではなく，必要な配慮であり，大前提として必要であることを認識すること。
ヴァリエーション	・私が思っているのは，ベースライン，要求を出してもいいというか，要求を考えていく，支援を考えていくベースラインというのがあったとしたら，聞こえる人たちはこのベースラインの多少下にいたとしても…聞こえない人というのは，情報もない，訴える人もいない，話を誰に聞いたらいいということを聞くことができないということなので，ベースラインが明らかに違うということは，少なくともここまであげることは特別扱いではないと思っているんですよね（B）。 ・量じゃなくて質的なことで均質性を保ちたいと思っているんですけど，なかなか医療経済で考える，あるいはとっても医学とか数値化したところで物事を考えていくお医者さんとか看護師さんとかにはなかなかそれが伝わらなくって。なんか自己満足でやっているような批判を受けたりとか，「好きやからやってるんやろ」って言われたりとか，そういう批判とかあったんですけど，でもそこを乗り越えないとあかんかなと（B）。

	・「特別扱い」という言葉で邪魔をされるんですよね。…他のスタッフから。「なぜあの人にだけあなたはそんなにかかわるんですか？」「あなたがそこまでかかわらなくてもいいんじゃないの」「それよりもあなたの周りにはもっと沢山の支援を求めている人たちがいるじゃないの」「なぜ，その人たちにもその人の半分でもいいから，かかわらないの」と言われたりね（B）。 ・「聞こえない人保護室？危なくないの？」って飛んで行ったんだよね。そうしたら，ちゃんとモニター使いながらやっぱりそれなりの配慮をしていてくれてて，また何か私ずれたかもしれない，聞こえない人でも命を守る方が大事なのは当たり前で，聞こえなかろうが何だろうが保護室を使わなきゃいけないことってあるよねって思って（A）。
理論的メモ	・情報保障などの環境調整は，ソーシャルワーク支援において重要な部分。 ・聴覚障害と精神障害を併せ持つ人への支援においては，他の人と比較すると支援に時間がかかることなど「特別扱い」と思われることがある。 ・どこまでが「必要な配慮」で，どこからが「特別扱い」なのか？整理が必要。 　→障害者権利条約における「合理的配慮」を参考にする。 ・環境調整という意味では「「たらい回し」を防ぐ」要素もあり。 ・緊急時の対応では，聴覚障害や精神障害だからということではなく，現時点での必要な治療もある。そこでは必要な配慮にも幅が出てくる。つまり，その状況における最大限の配慮が必要となる。

ワークシート19

概　念　名	マジョリティ性の自覚
定　　義	音声言語中心の社会の中で聞こえる自分のマジョリティ性を意識すること。
ヴァリエーション	・デフコミュニティと難聴のコミュニティと中途失聴のコミュニティというものが多分あると思うし，そこに聞こえるっていうのが対等な立場で入っていけるのかというと，圧倒的なマジョリティにいるという自分達というのを意識しておかないと，マイノリティの人たちなので。そこには今まで受けてきた迫害だとか，差別だったりとか，騙された経験だとか，いろんなものを聞こえない人たちっていうのは持ってはる場面には…ものすごく感じますね。彼らが今まで受けてきたものがあって，埋められないものがある。なので，まず仲間ではないというスタートがもしかしたらあるんかもしれへん（B）。 ・ガードがものすごく固く，侵されないように，バリアをはって生きてはる人かもしれない。民族で考えるとわかりやすいかもしれないですよね。それこそ在日の問題だったりとかいうような民族の問題とかね。子どもの頃あんまり見えへんけど大人になってきていろいろ差別に出くわしていって，そういう壁を築いていってる友達とかもいるんですけどね。そういうのと似て非なるものなのかもしれないし（B）。 ・対等性というものをこっちが勝手に対等と思うのは失敗してしまうというのは思いますね（B）。
理論的メモ	・聴覚障害者の中でも，ろう者を中心に障害ではなく言語的マイノリティと捉える考え方があることから，異なる言語文化を持つ人という捉え方から，本人の理解をしてみることも必要なのではないか。 ・他のマイノリティ集団との比較や差別の問題（直接差別・間接差別・合理的配慮のなさ）などとの整理分類からも考える。マジョリティ側の無意識的な

	抑圧。 ・支援者のアイデンティティとポジショニングが問われる。 ・支援者自身の権力性についても考える必要あり。 ・マイノリティへの配慮を考えるにはマジョリティ性の認識が必須。

ワークシート20

概　念　名	原則論に立ち戻る
定　　　義	分野ごとの支援を特化するのではなく，ソーシャルワークの大原則こそが大切であると認識すること。
ヴァリエーション	・聞こえる人へのソーシャルワークがしっかり出来る人であれば，聞こえない人へのソーシャルワークも出来ると思うんですよ。だから，いかに手話通訳ができようと，手話ができていても，ソーシャルワークが出来ない人には，聞こえない人への支援というのは，適切な支援というのは出来ないと思うんですよね。ベースは当然なる当たり前に普通の相談支援というのができる力量というのがまず必須で。その上に，いわゆる相手の立場に思いをはせるというのは当たり前に私らがやらなあかんことやけど。こちら側の価値観を押し付けないっていうのは，当たり前な大原則で，多分聞こえない人への支援っていうのも考えられると思うんですけどね（B）。 ・本当にわかりあいたいという感じの時に，何を伝わったとか，わかったとかは自分で感じることじゃない。それは納得できるレベルがあるわけじゃない。だから，納得できないことがある時にはもうちょっとそこを探ろうと思うわけだよね。確認しようとか。だから，言葉を重ねようとか，もうちょっと観察してみようとか，考えてみようとか…。それが，ソーシャルワーカーには必要な要素だと思う（A）。 ・全体的な問題とか，その中に置かれているその人がこういう状況になってしまった体系とか経過とかを踏まえながら，今何が必要な支援かということを…家族支援してみたり，関係調整してみたり，本人の受容の支援をしてみたり，資源の開発をしたり，つなげたり，というのはまさしくソーシャルワークしていることになるので，なので特別聴覚障害ということはないけれど，だけど，個々の聴覚障害の方たちの背景とか経緯とかだからこう複雑になっちゃったというところは，ひとつずつほぐしながらやっていくことは必要だよね（A）。
理論的メモ	・聴覚障害と精神障害をあわせもつ人のように，コミュニケーション障害の方とのかかわりにおいては，ソーシャルワークの大原則や根本を見直す機会となる。 ・ソーシャルワークの大前提の上でしか，聴覚障害という特殊な状況下へのソーシャルワークは成立しない。そのためにはソーシャルワーカーの基礎力が絶対条件として必要となる。 ・聴覚障害，精神障害だからというのではなく，まずはソーシャルワーカーとして大切なことから入っていくことが大切なのではないか。 ・ソーシャルワークにおけるジェネリックとスペシフィックの関係。 ・「聞こえる人にとっても大切」へつながる。相互影響性あり。 ・聴覚障害のみに焦点化しない。

資料編

ワークシート21

概 念 名	聞こえる人にとっても大切
定 義	コミュニケーションの取り方やグループワーク時の配慮など，聞こえる人にとってもわかりやすく活用できることを認識すること。
ヴァリエーション	• 本人のこうしたいという確認をしつこくするようになりましたね。その回数が他の人より断然多いかなというのと，ここは共通するかもしれないんだけど，書面にするとか，説明するときに書きながらとか，そういうやり方は精神（障害）だけの人も，聞こえない方でも，大事だなと思って。目に見える形で残して，一緒に確認しながら（J）。 • デイケアのときもそうだけど，要約筆記の人が分かるように（グループの）司会もするじゃない。…発言者を指したり，もう一回「こういうことですね」と要約したり…。それは，ある意味，他の人にとっても分かりやすかったんだと思うんだよね（F）。 • 手話通訳の人に（グループに）入ってもらった時に，よく，今何が話されていて，誰にふったのかとか，その人がどういうふうに言ったのかとか聞きとれない場合に，「もう一回言ってもらえるとありがたいです」と（手話通訳者に）言われていたから…。それを意識してするようになったから，結果として他の人にとっても，わかりやすいスピードとか…もう一回繰り返して確認するようになってから，みんなにとっても良かったのかなと思っている（F）。
理論的メモ	• コミュニケーションを大切にすることは聴覚障害と精神障害をあわせもつ人に限らず必要なこと。 • 耳が聞こえる，言葉でやりとりが出来るということで我々が見落としていることがあるのではないか。 • 聴覚障害者への配慮は他の人にとってもわかりやすさにつながるのではないか。 • 視覚的なコミュニケーションの活用や伝えたことの確認作業や話の整理の仕方など，応用できる技術はたくさんある。 • 結果としての成果を次にどうつなげるか。支援における気づきをどう一般化させていくか。 • 「原則論に立ち戻る」との相互関連あり。

ワークシート22

概 念 名	他分野の支援者に相談する
定 義	聴覚障害者分野の支援者や機関と情報や専門知識を相互活用し，つながりを大切にしながら相談していくこと。
ヴァリエーション	• (聴覚障害の他の施設とのやりとりについて）いろいろ顔も知ってたし，対応に向こうが困って，こっちもどうすればいいかということをメールで頻繁にやることはできていたし，情報交換という意味ではとてもやりやすかったですね。ただ，やっぱり精神（障害）の分野でやっていると，聴覚（障害）の資源ってあんまり精通してないじゃないですか。私は少なくともそんなに知らないので。…いろんな聴覚の方の生活支援センターとかにしても，ケースを通して知ったという感じがありますよね（N）。

	・私たちもベースは精神（障害への支援）なわけじゃない。だから聴覚（障害）の人たちのことをあんまり詳しく専門に知らないというか，で，逆は聴覚（障害）の人（への支援）が専門だから，精神（障害）のことを知らない。その辺をなんだろう，情報の土台が違う人たちだから，知らないことを含めて共有することが最初は難しいかもね（F）。 ・聞こえない人がいて，「どうしたらいいですか？」って，相談できる。たまたま手話通訳の協会に電話できるという，まあ存在を知っているからだろうね（I）。
理論的メモ	・聴覚障害と精神障害をあわせもつ人への支援においては，聴覚障害者支援，精神障害者支援という，それぞれの専門分野を超えたネットワークが必要になってくる。 ・ケースを通して知り合い，互いの専門領域について支援展開の中で相互コンサルテーションができていくのではいか。 ・対象者理解のための他領域の支援者との連携・協働。 ・「手話通訳者から伝え方を学ぶ」との関連。

ワークシート23

概念名	手話通訳者から学ぶ
定義	手話通訳者など他分野の支援者とかかわる中で，聞こえにくいことについての理解や，コミュニケーション方法などを学ぶこと。
ヴァリエーション	・私は手話通訳が入って自分の中で勉強になったのは，自分が患者さんに語りかけていることの意味が伝わる話し方をできているかどうかを，通訳の使う言葉を見ながら確認していたのね。それは，もちろん自分の言葉を頭の中で確認しながらもう一回振り返ったりもできるんだけれど，まあそれは聞こえる人同士でもそうだよね。…でも，それを聞こえない人の場合はわかりにくいので，言葉が違うので。例えば今「死ぬ」というのを私がやったのを，手話では「バタッと死ぬ」ってやったよな，とか。でもそれだと今自殺の話とか，殺人の話とか…死ぬでも全然違うよね。漢字だと換えられることもあるわけじゃないですか，それを手話だとどうするんだろうと。どういう意味で伝わっているのかなと考える意味ではすごく面白かった。勉強になったけどね（A）。 ・（手話通訳者から）いろいろ教えてもらいましたね。できるだけ具体的に言わないとだめというか，例えば僕が注意されたのは「困ったことがあったら言ってくださいね」と言ったら，通訳さんから「困ったことを具体的に聞かないとわからないよ」と注意はされましたね（D）。 ・やっぱり聞こえない人ってたくさん人がいる中でどこから音がくるかということがないわけだから…（手話通訳者からの）「司会はちゃんと名前言ってね」「○○さんって言ってね」とかいう話はすごく意識したし，勉強になった（A）。 ・私自身がものすごく学んだことは，文章を見てて「てにをは」が違うのは十分理解できていたんだけど，手話もそうだよなと経験的に理解していくわけね。つまり，日本語の手話じゃないのね。日本語対応手話とろうの手話があるわけじゃないですか。…私なんかどちらかというと手話をやろうとすると，「私はここに来ました」というようなことをやろうとするんだけど，違うじ

	ゃないですか。…翻訳して言ってますよね通訳は。その指文字でやっているわけじゃないから，それにフィットする手話言語を引っ張り出して使うわけですよね（A）。
理論的メモ	• 支援場面に手話通訳者が入ることにより，聴覚障害者領域の専門家からのアドバイスや，媒介者としての手話通訳者の存在そのものを通して勉強していく姿勢が必要。 • 手話通訳者から伝え方を学ぶことによって，コミュニケーション方法などを含めて対象者理解が深まる。 • 手話通訳者の専門性についての整理も必要ではないか。 • 多領域の専門家から学ぶ姿勢が連携していくには必要。→「他分野の支援者に相談する」との関連。

ワークシート24

概念名	未知の世界を知る
定義	手話を知ることで違う言語文化の世界を知るうれしさや楽しさを感じること。
ヴァリエーション	• 手話を知ったことで，急に言語が増えた感じかな。自分の世界とまた違う世界を知って，なんか，こういうことがあるんだって…妙にはまっちゃったね。はまるというと変だけど，手話を覚えて，通じることがすごくうれしかったんだよね。…〇さんとのやりとりがすごく楽しかったし，手話を通して〇さんという人を知ったし，私を知ってもらったし。すごく手話を通して自分も価値観がすごい変わったし，興味も持てたし，本当に不思議なくらい（F）。 • 〇さんと話せて，通じあえて，嬉しいというか，単純な感じ。こういうふうにわかりあえるんだという…（F）。 • （手話を学んで）やっぱり未知の文化とか，入っていける楽しさとか，今までわからなかったことがわかるような手段を得ることができるということでは，外国語も手話も似てましたよね。そういう意味では楽しかったですよね。そして，仕事の中で少しでもというのもあったので，そういう意味では学んでよかったなと思うんですよね（N）。
理論的メモ	• 支援者自身が手話を習得することで，未知の文化に入っていける楽しさを感じること。 • このことは，相手の世界に入っていくこと，そこから理解を深めていくきっかけともなるのではないか。 • かかわりの中で支援者自身が「よかった」「楽しい」と思える感性もとても大切なのではないか。 • 外国語と手話の類似点。 • 手話という「ことば」。言語文化としての「手話」。 • 未知の世界を知る。

ワークシート25

概　念　名	言語文化の違いを意識する
定　　　義	聞こえの違いを，言語文化の違いとして捉えること。
ヴァリエーション	・聞こえる私たちの文化を押し付けない。彼らには彼らの文化なり，彼らの生き方なりがあって，彼らの生活歴とか背景とか教育歴とか，その中から出てくる色んな「何でも「うん」って言ってしまう」とか「0か100かの思考に近い」とか書かれたりするじゃないですか。それも，特性という捉え方じゃなくて，そんな風に見えてるだけで，うちらの文化から見てるとそう見えてるだけで，彼らの中ではそうじゃないかもしれへんっていうのを，自分の価値観じゃない価値観でその人を見ていくというソーシャルワークの原点がしっかりしてれば，いけるはず（B）。 ・バイリンガリズムみたいなところが入って，異文化の中で生きている自分がいて，というところで，お互いの文化圏を行ったり来たりできるといいと思って。私らだってね，行ったり来たり，ろう文化に近づきたいと思ったり，行ったり来たりしたいなと思うけどね。同じような違う文化圏をお互いに楽しめるような，行ったり来たりできるように出来るといいのにね（B）。 ・やっぱり文化が違う。アメリカの人，英語圏の人とかかわるくらいの勢いでやらないと，見た目は日本人だし，会話も日本語だけど，文化と言葉の使い方が違うし，捉え方もこっちが努力しないと相手には伝わらないなと。やっぱり外国語と同じように日本語の手話は違うなと思いますね。重複というよりは，聴覚の人を支えたり考えたりする時には結構大きいかもしれないですね（C）。 ・聞こえない人の文化と聞こえる人の文化のちょうど合間に，谷間に挟まっちゃってる気がするんですね（C）。 ・あっちから見て私たちも障害者のような…。わかる？いろんな表現手段を通じて重なり合って獲得していく情緒的なところだったり，処理能力だったりが，こっちから見て何か浅はかにみえちゃうのは，何かそういう結果としてのこっちの文化からすると発展しないところが，あっちも逆にこっちにそう思うのかなって聞いてみたいことがある。たとえば彼らが見てわかることが，私たちにはわからないことがあるかもしれないとか。彼ら同士だったらわかるのかなとか（P）。 ・英語と日本語の違いみたいな。ひとつのことを表す言葉は日本語はいっぱいあって，ニュアンスとかでこういうこととかっていうやりとりが普通に話せばできるけど，それができなくて，例えば「怒ってる」「どうして？」とか，そういうのはわかっても，どの程度怒ってて，なんて言うのかな，微妙な殴りたいくらい怒ってるとか，そういうニュアンスがわかりにくい（F）。
理論的メモ	・ろう文化，聞こえない人たちの言語文化を理解するとともに，自らの文化も意識する必要がある。 ・別の世界にいる人たちという感覚。違いが大前提にあることの認識。 ・言語と文化の関係は？ ・PSW自らの文化についても意識する。 ・ことばについての再確認。「ことば」を言語文化というマクロから捉える。 ・「手話言語の世界を知る」ことから言語文化の違いの認識につながる。

資 料 編

ワークシート26

概　念　名	医療体制の限界を見据える
定　　　義	医療経済的視点からの社会の仕組みや，組織の経営問題，特徴など，医療システムを中心に外的要因から支援を見ていく視点を持つこと。
ヴァリエーション	・聴覚障害者外来は他の外来とか入院があるからもってるけど，単独事業としては成り立たないですよね。一人30分，1時間というのを，初診だけじゃなくて，再診の人も全てその時間枠をとってやっていくような診療所はないでしょ。医者だけじゃなくて，周りの人たちも手話を習熟した人たちを集めて，やるってことはコスト的に考えたって全体的に無理があるんですよね。大上段で構えるならば，今の医療体系をこういう専門外来でやっていくということに対しては厳しいかもしれない（B）。 ・一か所に集まったら，コストパフォーマンス悪いので，しんどくなる。事業所もしんどくなる，先生もしんどくなる。それが，色んなところでどこででも通訳さんと一緒に行けるように，今，内科の診療所とかは通訳さんと一緒に好きなところに行ってはりますよね。そういうことが普通に出来て行政もしっかりサポートできる形ができればいいんですけど。社会の側をね，どうするか（B）。 ・〇病院だからだと思うんですよ。ここだから，やっていたことの相対性のなかでそうなったんだと思うんだよね。（病院の）考え方とかさ，蓄積とかさ，あるわけだよね。…そのことも大きいんだと思うよ（A）。
理論的メモ	・支援の背景には必ず支援環境が存在する。聴覚障害と精神障害をあわせもつ人を含め，ある支援領域においていわゆるマイノリティとされる人への支援においては，組織や他職種の考え方の影響は大きいのではないか。 ・医療経済体制を踏まえた経営面でも考える必要があるのではないか。 ・どのような条件が整えば聴覚障害の方は利用しやすいのかを考える必要がある。 ・医療体系などから社会全体を見る視点。マクロ的な視点からも対象者理解は深まる。外的システムから見る視点。 ・支援におけるメゾ・マクロレベルの影響を考える。

ワークシート27

概　念　名	更なる困難さの危惧
定　　　義	聴覚障害，精神障害に加え，高齢化に伴う課題など，生活上の多重な困難さの増幅に危惧を感じること。
ヴァリエーション	・精神障害と聴覚障害というのは非常に大きい部分でね。日常生活の中で物事が伝わらなかったり，それがきっかけで病状を崩したりしやすいんだけど。更に高齢とか，要介護状態とか，単身生活とか状況が重なってくると，本当に普段の命をどう守ってあげようかというのが当然出てくるんだよね（H）。 ・問題は重層的に複合的に重なってるので，通訳つければすむとか，グループに入ったらすむとか，話の内容がわかったらすむとか，そういった簡単な内容ではない，そういう気がしますね。そこもコミュニケーションですよね（B）。

理論的メモ	・聴覚障害と精神障害に加えて，高齢化などにより三重の困難が生じてくるのではないか。 ・それは，コミュニケーションの困難さの複合化のみならず，身体的な要素も入ってくるのでは？ ・現状でも，重複障害に加え，身体疾患や要介護状態，多問題の重なりによりトリプルな障害を抱える人たちが増加しているのではないか。 ・重層的・複合的な問題が重なってくると，聴覚障害や精神障害を持っている人については，よりコミュニケーションのあり方が問われてくるのではないか。 ・複合的な困難さについて考える。問題の複合化。 ・ソーシャルワーカーの予測性。

引用・参考文献

阿部志郎（2008）『福祉の哲学［改訂版］』誠信書房.
相磯友子（2006）「第2章　重複障害者に関する既存の調査・研究」『重複障害者の職業リハビリテーション及び就労をめぐる現状と課題に関する研究』独立行政法人高齢・障害者雇用支援機構障害者職業総合センター，21-49.
赤畑淳（2003）「"わからなさ"を識るということ──聴覚障害をもつAさんから学んだかかわりの原点」『精神保健福祉』34(3)，220.
赤畑淳（2006）『聴覚障害と精神障害を併せ持つ人々へのソーシャルワーク実践──クライエントの理解とコミュニケーションに焦点を当てて』ルーテル学院大学大学院総合人間学研究科2005年度修士論文.
赤畑淳（2008a）「精神科医療機関における聴覚障害者支援──手話通訳者との連携体制」『精神保健福祉』39(3)，206.
赤畑淳（2008b）「聴覚障害と精神障害を併せ持つ人々への精神科医療におけるソーシャルワークのあり方──支援における困難性に焦点をあてて」『ルーテル学院研究紀要』42，113-26.
赤畑淳・髙山亭太（2005）「聴覚障害学生の現場実習における現状と課題──実習生と実習指導者双方に生じた戸惑いに焦点をあてて」『精神保健福祉』36(3)，259.
赤塚光子（1999）「聴覚障害」庄司洋子・木下康仁・武川正吾ほか編『福祉社会事典』弘文堂，713.
Anderson, H. (1997) *Conversation, Language and Possibilities: A postmodern approach to therapy*, Basic Books.（＝2001, 野村直樹・吉川悟・青木義子訳『会話・言語・そして可能性──コラボレイティヴとは？セラピーとは？』金剛出版.）
Anderson, H. and Gehart, D.,（2007）*Collaborative Therapy: Relationships and Conversations that make a Difference*, Taylor & Francis Group.
安藤豊喜（1991）「聴覚障害と聴覚障害者」『新しい聴覚障害者像を求めて』全日本ろうあ連盟出版局.
有馬明恵（2007）『内容分析の方法』ナカニシヤ出版.
浅野弘毅（1984）「生来性聾の分裂病者の『幻聴』について」『臨床精神医学』13(11)，1313-9.
Bateson, G. (1972) *Steps to an Ecology of Mind*, The University of Chicago Press.（＝1990, 佐藤良明訳『精神の生態学』思索社.）
Bateson, G. and Ruesch, J. (1968) *Communication: The social matrix of Psychiatry*, W. W. Norton & Company, Inc.（＝1986, 佐藤悦子・ボスバーグ訳『コミュニケーション』思索社.）
Benjamin, J. (1986) *COMMUNICATION: Concepts and Contexts*, Harper & Row, Publishers, Inc.（＝1990, 西川一廉『コミュニケーション──話すことと聞くことを中心に』二瓶社.）

Berelson, B.（1957）*Content Analysis*, Ford Foundation.（＝1957，稲葉三千男・金圭煥譯訳『内容分析（社会心理学講座Ⅶ）』みすず書房.）
第11回世界ろう者会議組織委員会編（1991）『第11回世界ろう者会議報告書』財団法人全日本ろうあ連盟，358-47.
Denmark, J.（1994）*Deafness and Mental Health*, Jessica Kingsley Pub.
土居健郎（2000）『土居健郎選集5　人間理解の方法』岩波書店.
独立法人高齢・障害者雇用支援機構障害者職業総合センター（2006）『重複障害者の職業リハビリテーション及び就労をめぐる現状と課題に関する研究』調査研究報告書.
Elliott and Glass and Evans（1987）*Mental Health Assessment of Deaf Clients: A Practical Manual*. College-Hill Publication.
藤村尚弘（1995）「先天性ろうあ者の幻覚（妄想）について」『第3回聴障者精神保健研究会——交流の記録』聴障者精神保健研究会，127-30.
藤田保（1991）「ろう者の心因反応」第11回世界ろう者会議組織委員会編『第11回世界ろう者会議報告書』財団法人全日本ろうあ連盟，174-6.
藤田保（2003）「精神障害をもつ聴覚障害者に出会ったとき」『精神保健福祉』34(4), 360-1.
藤田保（2005）「聴覚障害者と精神科医療」『こころの臨床』24(4), 435-9.
藤田保（2006）「琵琶湖病院における聴覚障害者外来10年の歩み」滝沢広忠編『社会・文化的視点に立った聴覚障害児・者の臨床心理的支援システムの構築』平成16～17年度科学研究費補助金研究成果報告書，63-8.
藤田保（2008）「中途失聴者の心理」村瀬嘉代子・河﨑佳子編『聴覚障害者の心理臨床②』日本評論社，161-79.
福島喜代子（2006）「スーパービジョンにおけるコミュニケーション・スキルアップ——ソーシャルワーク実践スキルを向上させるために」『ソーシャルワーク研究』32(3), 43-49.
福島智・前田晃秀（2004）「『足し算』ではなく，『掛け算』の障害」『ノーマライゼーション障害者の福祉』281, 19.
福山和女（2000）『スーパービジョンとコンサルテーション——理論と実際』FK研究グループ.
福山和女（2005）『ソーシャルワークのスーパービジョン——人の理解の探究』ミネルヴァ書房.
福山和女（2006）「連携体制における価値ある魅力的な資源としての家族の尊厳——医療機関でのソーシャルワーク実践」『家族療法研究』23(3), 29-33.
福山和女（2007）「人の尊厳と援助技術の関係」『福祉社会研究』京都府立大学福祉社会研究会，7, 3-11.
福山和女（2009）「ソーシャルワークにおける協働とその技法」『ソーシャルワーク研究』34(4), 4-16.
Furth, H. G.（1973）*Deafness and Learnig*, Wadsworth Publising Company.（＝1987, 中野善達・板橋安人訳編『聴覚障害児の学習——心理・社会的アプローチ』湘南出版社.）
古屋龍太（2001）「精神障害」福祉士養成講座編集委員会編『新版　介護福祉士養成講座　リハビリテーション論』中央法規出版，92-102.
現代思想編集部編（2000）『ろう文化』青土社.
Germain, C. B.（1981）The ecological approach to people-environment transaction.

Social Case-Work, vol. 61 No. 6, Family Service Association of America. pp323-331.
（＝1992，松本紀子訳「人間と環境の交互作用」小島蓉子編訳・著『エコロジカル・ソーシャルワーク』学苑社，101-127.）
Germain, C. B. and Gitterman, A.（1987）Ecological perspective, in Encyclopedia of Social Work, vol. 1, 18th edn, National Association of Social Workers, pp488-499.（＝1992，小島蓉子訳「治療モデルから生活モデルへ」小島蓉子編訳・著『エコロジカル・ソーシャルワーク』学苑社，183-220.）
Germain, C. B. and Gitterman, A.（1996）The Life Model of Social Work Practice Advance in Theory & Practice Second Edition. Columbia University Press.（＝2008，田中禮子・小寺全世・橋本由紀子監訳『ソーシャルワーク実践と生活モデル（上）（下）』ふくろう出版.）
Glickman, N. S.（2008）*Cognitive-Behavioral Therapy for Deaf and Hearing Persons with Language and Learning Challenges: Counseling and Psychotherapy: Investigating Practice from Scientific, Historical and Cultural Perspectives*, Routledge.
Glickman, N. S. and Gulati, S. eds.（2003）*Mental Health Care of Deaf People: A Culturally Affirmative Approach*, Routledge.
Glickman, N. S. and Harvey, M. A. eds.（1996）*Culturally Affirmative Psychotherapy With Deaf Persons*, Routledge.
Goulder, T. J.（1977）Federal and state mental health programs for the deaf in hospitals and clinics "Mental Health in Deafness", *A Journal of Saint Elizabeths Hospital National Institute of Mental Health*, 1.
Greene, J. G.（1996）CHAPTER 6: Communication Theory and Social Work Treatment, Turner, J. F. ed., *Social work treatment: interlocking theoretical approaches 4th ed.*, The Free Press, A Division of Macmillan, Inc.（＝1999，米本秀仁監訳「第6章 コミュニケーション理論」『ソーシャルワーク・トリートメント上――相互連結理論アプローチ』中央法規出版，179-224.）
Greene, R. R.（1999）*Human Behavior Theory and Social Work Practice, 2nd Ed.*, Walter de Gruyter, Inc.（＝2006，三友雅夫・井上深幸監訳『ソーシャルワークの基礎理論――人間行動と社会システム』みらい.）
萩原浅五郎（1975）『人はカリキュラムなり――萩原浅五郎先生遺稿・追憶集』萩原先生顕彰会・東京教育大学付属聾学校同窓会.
原順子（2008）「聴覚障害ソーシャルワークの専門性・独自性と課題」『四天王寺大学紀要』46, 139-51.
原順子（2009）「聴覚障害ソーシャルワーカーのコンンピテンシーに関する一考察――Sheridan & White 論文から"ろうと難聴"考える」『四天王寺大学紀要』48, 93-106.
原順子（2011）「文化モデルアプローチによる聴覚障がい者への就労支援に関する考察――ソーシャルワーカーに求められるろう文化視点」『社会福祉学』51(4), 57-68.
橋元良明（1998）「メッセージ分析」高橋順一・渡辺文夫・大渕憲一編著『人間科学研究法ハンドブック』ナカニシヤ出版，75-86.
林智樹（1999）「重複聴覚障害者の生活ニーズと福祉援助」『手話コミュニケーション研究』34, 17-26.
林智樹（2005）「日本の手話通訳制度」21世紀のろう者像編集委員会編『21世紀のろう者像』全日本ろうあ連盟，133.
林智樹・近藤幸一（2002）「第6章 聴覚・言語障害児・者の生活ニーズ」身体障害者

ケアマネジメント研究会監修『新版　障害者ケアマネジャー養成テキスト　身体障害編』中央法規出版, 218.

Holly, E., Laurel, G. and Evans, J. W. (1988) *Mental Health Assessment of Deaf Clients,* Taylor & Francis Ltd.

堀越由紀子 (2010)「対人援助職へのスーパービジョン実践の考察――ソーシャルワークのマクドナルド化を考える」『ソーシャルワーク研究』35(4), 63-9.

包括的暴力防止プログラム認定委員会編 (2005)『医療職のための包括的暴力防止プログラム』医学書院.

一番ヶ瀬康子監修・全国手話通訳問題研究会編 (2007)『聴覚・言語障害者とコミュニケーション　形態別介護技術「聴覚及び言語障害の介護」テキスト』一橋出版.

市川恵美子 (2002)「手話表現3つのパターン試論――対象者に合わせた手話表現を」『聴覚障害者の心理臨床』東京手話通訳等派遣センター, 51-80.

池頭一浩 (2001)「聴覚障害者の理想像」金澤貴之編『聾教育の脱構築』明石書店, 145-79.

稲淳子 (2005)「心の病をもつ聴覚障害者に対するグループアプローチ」『精神保健福祉』36(3), 229.

稲葉通太監修・特定非営利活動法人デフサポートおおさか編 (2007)『知っていますか？聴覚障害者とともに一問一答』解放出版社.

稲沢公一 (2002)「援助者は『友人』たりうるか」古川孝順・岩崎晋也・稲沢公一ほか編『援助するということ――社会福祉実践を支える価値規範を問う』有斐閣, 135-208.

井上俊 (2009)「対話というコミュニケーション」長谷正人・奥村隆編『コミュニケーションの社会学』有斐閣, 89-107.

伊勢田堯 (2002)「国際生活機能分類 (ICF) と精神障害」『精神障害とリハビリテーション』6(1), 45-49.

伊東雋祐・小出新一監修 (2001)『手話通訳がわかる本』中央法規出版, 83-5.

岩間伸之 (2008)『支援困難事例へのアプローチ』メディカルレビュー社.

岩本操 (2002)「精神障害者へのソーシャルワーク援助過程における自己決定を問い直す」『立教社会福祉研究』22, 立教大学社会福祉研究所, 19-28.

岩崎豪人 (1991)「知覚ともの――ヒューム哲学を手懸かりに」『京都大学哲学論叢』18, 1-12.

岩崎晋也 (2002)「障害のとらえ方――障害論」久保紘章・長山恵一・岩崎晋也編『精神障害者地域リハビリテーション実践ガイド』日本評論社, 19-32.

伊澤雄一 (2006)「グループホームを核とする今後の『居住系支援サービス』の展望」『精神科臨床サービス』6(4), 467-73.

金澤貴之 (2006)「第8章　他の障害を併せ有する聴覚障害児童生徒の教育」中野善達・根本匡文編『聴覚障害教育の基本と実際』田研出版, 175-186.

神田和幸 (2010)『手話の言語的特性に関する研究――手話電子化辞書のアーキテクチャ』福村出版.

柏木昭 (2002)「精神医学ソーシャルワークとは何か」柏木昭編著『新精神医学ソーシャルワーク』岩崎学術出版社, 20-4.

柏木昭 (2005)「誌上スーパービジョン――20年もの入院となった聴覚障害を併せもつAさんの退院支援を通してPSWのかかわりを振り返る」『精神保健福祉』36(1), 61-6.

柏木昭 (2010)「ジェネリックとスペシフィック (PSWひすとりぃ第47回)」『PSW通

信』166, 15.
柏木昭・佐々木敏明（2010）「『協働の思想』, ソーシャルワークに帰れ」柏木昭・佐々木敏明・荒田寛『ソーシャルワーク協働の思想――"クリネー" から "トポス" へ』へるす出版, 31-72.
片倉和彦（1991）「日本の精神科医と聴覚障害者との関わりの状況と課題」『リハビリテーション研究』69, 7-10.
片倉和彦（1999）「聞こえるってどんなこと」村瀬嘉代子編『聴覚障害者の心理臨床』日本評論社, 71-8.
河﨑照雄（1969）「ろうあ者の精神障害」『ろう教育科学』11(1), 27-33.
河﨑照雄（1970）「ろうあ精神分裂病者の幻覚について」『ろう教育科学』12(3), 99-105.
河﨑佳子（2004）『きこえない子の心・ことば・家族――聴覚障害者カウンセリングの現場から』明石書店.
Kerr, M. E. and Bowen, M.（1988）*Family Evaluation: An Approach Based on Bowen Theory*, W. W. Norton & Company, Inc.（=2001, 藤縄昭・福山和女監訳『家族評価――ボーエンによる家族探究の旅』金剛出版.）
木村晴美・市田康弘,（1995）「ろう文化宣言――言語的少数者としてのろう者」『現代思想』23(3), 354-62.
木下武徳（2008）「ろうあ者相談員の現状と課題」奥野英子編著『聴覚障害児・者支援の基本と実践』中央法規出版, 145-50.
木下康仁（1999）『グラウンデッド・セオリー・アプローチ――質的実証研究の再生』弘文堂.
木下康仁（2003）『グラウンデッド・セオリー・アプローチの実践――質的研究への誘い』弘文堂.
木下康仁（2005）『分野別実践編グラウンデッド・セオリー・アプローチ』弘文堂.
木下康仁（2007）『ライブ講義 M-GTA――実践的質的研究法　修正版グラウンデッド・セオリー・アプローチのすべて』弘文堂.
クラィニン V・A, クラィニナ Z・M.（広瀬信雄訳）（1997）『普及版きこえない人ときこえる人』新読書社, 218.
古賀恵理子（1999）「聞こえない人の体験にふれて」村瀬嘉代子編『聴覚障害者の心理臨床』日本評論社.
古賀恵理子（2005）「精神科外来通院中のろう者を対象とした集団精神療法」『集団精神療法』21(2), 124-8.
古賀恵理子・藤田保・小林豊生（1994）「聴覚障害者と精神医療――聴覚障害者外来開設への取り組みを通して」『臨床心理学研究』31(3), 20-9.
小島蓉子（1990）『障害者福祉論』建帛社.
Krippendorff, K.（1980）*Content Analysis: An Introduction to Its Methodology*, Sage Publication, Inc.（=1989, 三上俊治・椎野信雄・橋元良明訳『メッセージ分析の技法――「内容分析」への招待』勁草書房.）
Luhman, L.（1984）*Soziale Systeme: Grundriß einer allgemeinen Theorie*, Suhrkamp Verlag.（=1993, 佐藤勉監訳『社会システム理論（上）』恒星社厚生閣.）
Luhman, N.（2005）*Soziologische Aufklarung 6: Die Soziologie und der Mensch, 2*, VS Verlag fur Sozialwissenschaften.（=2007, 村上淳一訳『ポストヒューマンの人間論――後期ルーマン論集』東京大学出版.）

真城知己（2011）「我が国におけるインクルージブ教育に向けての動向の整理」『特別支援教育研究』650, 4-6.
松井亮輔・川島聡編（2010）『概説　障害者権利条約』法律文化社.
McEntee, M. K. (1993) *Accessibility of Mental Health Services and Crisis Intervention to the Deaf,* American Annals of the Deaf, 138(1), 26-30.
三毛美予子（2002）「ソーシャルワークの調査方法としてのグラウンデッド・セオリー・アプローチ」『ソーシャルワーク研究』27(4), 18-27.
村瀬嘉代子編（1999）『聴覚障害者の心理臨床』日本評論社.
村瀬嘉代子（2005）『聴覚障害者への総合的アプローチ──コミュニケーションの糸口を求めて』日本評論社.
村瀬嘉代子・河崎佳子編著（2008）『聴覚障害者の心理臨床②』日本評論社.
永渕正昭（2000）『障害者のリハビリと福祉』東北大学出版会.
永石晃（2007）『重複聴覚障害をかかえる児童・青年期の人々とその家族への支援──子どもと家族への教育的・心理的支援の実践と展開』日本評論社.
内閣府編（2007）『障害者白書　平成19年版』佐伯印刷.
中島誠・岡本夏木・村井潤一（1999）『ことばと認知の発達』東京大学出版.
中野敏子（2008）「地域の生活支援再考──『重度・重複』障害のある人をめぐって」『リハビリテーション研究』135, 2-5.
中野泰志・中澤惠江（2003）「第2部　感覚障害を併せ持つ人の自己決定・自己管理を引き出すためのマニュアル　2-1 盲ろう者・児の自己決定・自己管理を引き出すためのマニュアル」研究代表者：中邑賢龍『言語的コミュニケーションが困難な重度障害児・者の自己決定・自己管理を支える技法の研究とマニュアルの開発』平成14年度厚生労働省科学研究費補助金障害保健福祉総合研究事業総括研究報告書, 82-106.
NASW (1974) *Social Case Work: Generic and Specific ── A Report of the Milford Coference,* National Association of Social Workers, Inc.（＝1993, 竹内一夫・清水隆則・小田兼三訳『ソーシャル・ケースワーク──ジェネリックとスペシフィック　ミルフォード会議報告』相川書房.）
根間洋治（2010）「聴覚障害をもつ精神保健福祉士の取組み──病院相談業務を通して」『精神保健福祉』41(3), 246.
根本博司（1990）『援助困難な老人へのアプローチ』中央法規出版.
日本聴覚障害ソーシャルワーカー協会編（2010）『聴覚障害者への専門的相談支援研究事業報告書』日本聴覚障害ソーシャルワーカー協会
日本障害者リハビリテーション協会編（2005）『「重複障害」に関する調査研究事業報告書』日本障害者リハビリテーション協会.
日本精神保健福祉士協会編（1999）『わが国の精神保健福祉の展望──精神保健福祉士の誕生をめぐって』へるす出版.
新村出編（2008）『広辞苑　第六版』岩波書店.
「21世紀のろう者」像編集委員会編（2005）『21世紀のろう者像』全日本ろうあ連盟出版局.
二宮昭（2001）「重複障害」昇地勝人・蘭香代子・長野恵子・ほか編『障害特性の理解と発達援助──教育・心理・福祉のためのエッセンス』ナカニシヤ出版, 126-35.
西原雄次郎（2000）「大学における社会福祉教育と当事者問題の教授法」『ソーシャルワーク研究』25(4), 109-115.
野本文幸・町山幸雄（1985）「先天性聾者における幻聴体験」『精神医学』27(10), 1209

-12.
Norton, D. and Norton, M.（2007）*A Treatise of Human Nature Volume 1: The Crarendon Edition of The Works of David Hume*, Oxford University Press.
野澤克哉（1989）「聴覚障害者の社会生活におけることばの齟齬と援助対策」『聴覚障害』12, 36-43.
野澤克哉（2001）『聴覚障害者のケースワークⅣ』聴覚障害者問題研究所.
野澤克哉（2005）「聴覚障害者とのコミュニケーション手段」社会福祉法人聴力障害者情報文化センター編『聴覚障害者の精神保健サポートハンドブック』社会福祉法人聴力障害者情報文化センター, 18-29.
岡田朋子（2010）『支援困難事例の分析調査――重複する生活課題と政策とのかかわり』ミネルヴァ書房.
岡田喜篤（1997）「重度・重複障害児者の自立支援――自立支援に必要な諸要件」『発達障害研究』19(3), 198-207.
岡本稲丸・村井潤一・畠口健ほか（1979）「――問題提起と座談会――『九才の壁』をめぐって」『ろう教育科学』21(3)113-128.
奥田啓子（2002）「ろう者をめぐるソーシャルワーク実践の基礎的考察――アメリカの専門誌にみる援助観の動向を中心として」『社会福祉学』43(1), 155-64.
奥田啓子（2004）「障害者をめぐる言説の構築とソーシャルワーク実践――新たな言説（『聴覚障害者』から『ろう者』へ）の形成と協働の可能性を求めて」『社会福祉学』44(3), 3-12.
奥野英子編著（2008）『聴覚障害児・者支援の基本と実践』中央法規.
大倉朱美子・高橋進・山本浩ほか（2006）「うつ症状を呈した聴覚障害者とのカウンセリング過程」『心身医学』46(3), 250.
大崎博史（2010）「重度・重複障害教育の現状と課題」『特別支援教育研究』635, 6-9.
大塚淳子（2002a）「つながりの豊かさとQOLの向上を実感できた事例――聴覚障害者へのコミュニケーション保障を中心としたかかわりからの気づき」『精神保健福祉』33(3), 241.
大塚淳子（2002b）「障害受容への援助と生活支援――聴覚障害者の精神科治療に関わって」研究代表者：大橋謙策『社会福祉系大学, 専門学校, 高等学校福祉科等におけるソーシャルワーク教育方法および教育教材の開発に関する研究』2000〜2001年度三菱財団研究助成研究報告書, ーシャルケアサービス従事者養成・研修研究協議会, 116-132.
大塚淳子・西川健一（2004）「聴覚障害をもつ精神障害者に『聞こえの保障』を試みて」『精神看護』7(5), 68-82.
Ramachandran, S. V. and Blakeslee, S.（1998）*Phantoms in the brain: Probing the mysteries of the human mind*, Oliver Sacks.（＝1999, 山下篤子訳『脳のなかの幽霊』角川書店.）
斎藤秀昭・森晃徳共編（1999）『視覚認知と聴覚認知』オーム社出版局.
Satir, V.（1964）*Conjoint Family Therapy*, Scienve and Behavior Books, Inc.（＝1970, 鈴木浩二訳『合同家族療法』岩崎学術出版社.）
佐藤悦子（2004）「対人コミュニケーションにおける"ことば"の意味」『立教社会福祉研究』24, 立教大学社会福祉研究所, 23-6.
精神保健福祉研究会監修（2007）『三訂 精神保健福祉法詳解』中央法規出版.
下坂知栄美・西川健一（2002）「差異なるものの共存をめぐって――『手話の勉強会』

グループの実践から」『精神保健福祉』33(3), 242.
慎英弘 (2005)「盲ろう者の自立と社会参加」新幹社, 68.
社会福祉法人日本身体障害者団体連合会編 (2002)『障害者相談員活動事例集』3, 社会福祉法人日本身体障害者団体連合会, 142.
社会福祉法人聴力障害者情報文化センター編 (2005)『聴覚障害者の精神保健サポートハンドブック』社会福祉法人聴力障害者情報文化センター.
杉本泰平 (2006)「聴覚障害者の職業生活の構成要素とそれらの相互の関連に関する研究——WHO 国際生活機能分類 (ICF) を活用した聴覚障害者の就労の困難の測定」『社会福祉論叢2006 博士後期課程研究論文集』日本社会事業大学大学院社会福祉学研究科, 77-96.
高橋正雄 (2007)「現代の障害観」中村満紀男・四日市章編『障害科学とは何か』明石書店, 24-33.
髙山亨太・赤畑淳・稲淳子 (2009)「米国におけるろう・難聴者に対する精神保健福祉支援に関する文献的考察——言語的・文化的観点から」『第45回社団法人日本精神保健福祉士協会全国大会第8回精神保健福祉学会抄録集』87.
髙山亨太・中村美紀 (2010)「ろうあ児施設における精神保健福祉士の取り組みの現状と課題」『精神保健福祉』41(3), 195-6.
竹内通夫編著 (1999)『ピアジェの発達理論と幼児教育——ピアジェが, 私たちに投げかけたもの』あるむ, 9-14.
滝沢広忠 (1996)「聴覚障害者の心理臨床について」『杉山善朗教授退職記念論文集』札幌学院大学, 117-23.
滝沢広忠 (1999)「ろう者の精神保健に関する研究」『札幌学院大学人文学会紀要』66, 45-55.
滝沢広忠・河崎佳子・鳥越隆士ほか (2004)「聴覚障害児・者に施行される心理検査に関する調査研究」『臨床心理学研究』22(3), 308-313.
滝沢広忠 (2006)『社会・文化的視点に立った聴覚障害児・者の臨床心理的支援システムの構築』平成16年度〜17年度科学研究費補助金(基礎研究C—1)研究成果報告書.
寺井元 (2004)「聴覚障害をもつ患者さんに対する看護上の配慮と工夫」『精神看護』7(5), 77-9.
得津愼子 (2003)『新版 家族援助の理論と方法——システム論に基づく家族福祉の実践』西日本法規出版.
鳥越隆士 (2000)『聴覚障害老人のコミュニケーション・ネットワークと精神的健康に関する調査研究』大阪ガスグループ福祉財団研究調査報告書13, 35-40.
月江ゆかり (2004)『精神科病棟における聴覚障害をもつ患者のグループに関する実践研究』日本赤十字看護大学大学院看護学研究科2004年度修士論文.
Turkington, C. A. and Sussman, E. A. (2000) *The Encyclopedia of Deafness and Hearing Disorders, 2nd Ed.*, Facts On File. (=2002, 鄭仁豪訳「精神病」中野善達監訳『聾・聴覚障害百科事典』明石書店, 174.)
上田敏 (1983)『リハビリテーションを考える』青木書店.
Wilcox, S. ed. (1989) *American Deaf Culture: An Anthology*, Linstok Press. (=2001, 鈴木清史・酒井信雄・太田憲男訳『アメリカのろう文化』明石書店.)
山口利勝 (2003)『中途失聴者と難聴者の世界——見かけは健常者, 気づかれない障害者』一橋出版.
山下柚実 (2004)『〈五感〉再生へ——感覚は警告する』岩波書店, 192-193.

依田義右（2004）『近世人間中心思想史——デカルトからヘーゲルへの路』晃洋書房，203-24.
横山登志子（2010）「ソーシャルワーカーに求められる質的調査の技法——修正版グラウンデッド・セオリー・アプローチの場合」『ソーシャルワーク研究』35(4)，40-7.
吉川悟（2001）「だれにとってどう困難なのか——臨床サービスを提供するという矛盾に直面することの困難」吉川悟・村上雅彦編『システム論から見た思春期・青年期の困難事例』金剛出版，11-41.
全国盲ろう者協会（2008）『盲ろう者への通訳・介助——「光」と「音」を伝えるための方法と技術』読書工房.

さくいん

あ 行

間　114
アイデンティティ　12, 122
アセスメント　27, 49, 76
アセスメントツール　56, 76
アンケート　56
アンビバレンツ　45
いこいの村栗の木寮　26
意思疎通支援　57
異文化コミュニケーション　105, 126
医療体制　105
因果関係　15
因果関係論　55
インクルーシブ教育　57
印象　18, 110
インターネット　39
インタビューガイド　61
インタビュー調査　60
ヴァリエーション（具体例）　63
円環的プロセス　112
援助関係の非対称性　122

か 行

介護保険　39
概念生成　63
概念名　63
カウンセリング　25, 49
確認パターン　21
可視化　130
家庭内コミュニケーション　44
カテゴリー生成　63
感覚　17, 109, 111, 129
感覚コミュニケーション　69
感覚・知覚交互作用現象　134
観念　18, 110
機関システム　126, 127
機関システム交互作用現象　135

危機介入　90
9歳の壁　18, 31
協働　102, 120, 126, 132
協働体制　126, 131
グラウンデッド・セオリー・アプローチ　62, 108
グループワーク　26, 49, 88, 98
携帯電話　39
KJ法　56
結果図　64
欠如　55
研究する人間　62
言語コミュニケーション　115
言語的マイノリティ　96
言語文化　96, 102, 103
原則論　97
幻聴　20
権力性　96
交互作用　15
行動交互作用現象　135
行動コミュニケーション　89, 118, 130
行動密着支援　85
合同面接　8
合理的配慮　121
高齢聴覚障害者　25
口話　16
誤診　24, 27
国家資格　11
ことばの再定義　117
コミュニケーション
　——環境　14
　——技術　49
　——手段　4, 15, 43, 45, 86, 125
　——障害　ii, 146
　——特性　130
　——パターン　21
　——不足　47, 52
　——方法　45, 74, 76, 101

コミュニケーション保障　46, 51
　　——制度　57
コミュニケーション・モード　21
コミュニケーション力　44
コミュニティ　52
コンサルテーション　25
困難事例　i, 34
困難性　34

　　　　さ　行

サブスケール　37
サンプリング方法　60
ジェネラリスト　12
ジェネリック　123, 124
ジェネラリストソーシャルワーカー　12, 123
支援環境　105
支援関係　45
支援行為　63
支援システム　125
支援者　11
支援者同士のコミュニケーション　131
支援費制度　39
視覚　109
視覚的コミュニケーション　118
自己防衛パターン　21
持続的かかわり　89, 118
実践現場　10
疾病と障害　15
　　——の二面性　15
社会システム　100, 126
社会文化システム　127
社会文化システム交互作用現象　137
周縁化　i
修正版グラウンデッド・セオリー・アプローチ（M-GTA）　62
集団精神療法　24
重度身体障害者授産施設　26
主従関係　15
受療権利保障　29
手話　16, 86, 102
手話通訳者　6, 25, 46, 57, 101, 125
手話通訳士　57
循環的プロセス　78

障害児教育　14
障害者権利条約　121
障害者自立支援法　39
障害者総合支援法　13, 50, 57
障害の特性　42
障害の内在化　42
情報格差　39
心理テスト　25, 27
推測パターン　21
スーパービジョン　37, 56, 64
ストーリーライン　64
スペシフィック　12, 124
スペシフィックソーシャルワーク　12, 123
スペシャリスト　12
精神障害者支援関係者　41
精神障害者支援システム　125
精神障害者数　10
精神保健福祉士　11, 12, 59
精神保健福祉法　38
世界ろう者会議　22, 28
全国聴覚障害者心理相談精神医療関係者交流会　23
専門的見立て　50
相互コンサルテーション　131
ソーシャルワーカー　12
即時的かかわり　90, 118

　　　　た　行

対人コミュニケーション　74, 113
代弁機能　122
タイミング　90
ダブルバインド状況　21
ダブルバインド理論　21, 32
たましろの郷　26
たらい回し　48, 92
地域活動支援センター　26
地域生活支援事業　13, 57
チームワーク　47
知覚　18, 110
逐語記録　61
中途失聴者　15
聴覚障害者支援関係者　41
聴覚障害者支援システム　125

さくいん

聴覚障害者の心理臨床 23
聴覚障害者外来 24, 26
聴覚障害ソーシャルワーク 28
調査期間 61
調査協力 59
聴障者精神保健研究会 23
聴障者精神保健研究集会 23, 29, 33, 56
　——報告書 33
重複障害 13
重複聴覚障害者 13
重複聴覚障害児 14
重複聴覚障害者施設 26
定義 63
データ収集方法 60
データの飽和化 61
統合教育 39
統合失調症 19
当事者主体 97
特殊性 92, 124, 130
特別扱い 94
どんぐりの家 26

な　行

内容分析法 36
なかまの里 26
難聴者 15
日本語対応手話 16
日本手話 16
日本心理臨床学会 23
日本精神保健福祉士協会 30
日本聴覚障害ソーシャルワーカー協会 23, 28, 30
認識交互作用現象 135
認知 18
認知行動療法 27
ネットワーク 5, 22, 47, 100

は　行

パートナーシップ 126
発達段階論 19
半構造化面接 60
ピアチェック 37, 56
PSW 12, 59

非言語コミュニケーション 115, 132
非言語表現 80, 116
筆談 16
人と状況の全体性 97
人の尊厳 31, 138
独り手話 8
琵琶湖病院 24, 26
複眼的視点 100, 125
複合システム 99, 125, 131
複合的交互作用現象 133
福祉哲学 i
普遍性 92, 124, 130
文化システム 126
文献調査 33
分析焦点者 62
分析テーマ 62
分析方法 62
分析ワークシート 63
ヘレン・ケラー 13
暴力 81, 116
保健医療福祉システム 37, 38
ポジショナリィ 122

ま　行

マイノリティ i, 92, 121
マクロレベル 38, 127
マジョリティ性 96, 122
ミクロレベル 38, 127
見守り 72, 110
無関心パターン 21
無知の姿勢 126
メゾレベル 38
メタコミュニケーション 87, 91, 119, 120
メンバーチェック 37, 56, 64
盲ろう者 13

や・わ行

揺らぎの障害者 15
利用者 13
理論的飽和化 64
理論的メモ 63
倫理的配慮 61
ふれあいの里どんぐり 26

連携　102, 132
ろうあ運動　57
ろうあ者相談員　28, 46, 57
ろうコミュニティ　52
ろう者　15
老年性難聴　25

ろう文化　52, 104
ろう文化宣言　38, 56, 127

欧　文

Rockland Psychiatric Center　27
Saint Erizabeths Hospital　27

〈著者紹介〉

赤畑　淳（あかはた・あつし）
医療法人社団一陽会陽和病院にて約15年間精神科ソーシャルワーカーとして勤務。
2012年　ルーテル学院大学大学院総合人間学研究科博士後期課程修了。
現　在　立教大学コミュニティ福祉学部福祉学科助教。
　　　　精神保健福祉士。博士（社会福祉学）。
著　書　『新・コミュニティ福祉学入門』（共著）有斐閣，2013年。
　　　　『精神保健福祉援助実習』（共著）弘文堂，2012年。
　　　　『聴覚障害児・者の支援の基本と実践』（共著）中央法規出版，2008年。
　　　　『臨床ソーシャルワーク事例集──精神保健福祉援助演習』（共著）弘文堂，2005年。
　　　　『聴覚障害者の精神保健サポートハンドブック』（共著）聴力障害者情報文化センター，2005年。

MINERVA 社会福祉叢書㊶
聴覚障害と精神障害をあわせもつ人の
支援とコミュニケーション
──困難性から理解へ帰結する概念モデルの構築──

2014年2月10日　初版第1刷発行　　　　　　〈検印省略〉

定価はカバーに
表示しています

著　者　　赤　畑　　　淳
発行者　　杉　田　啓　三
印刷者　　江　戸　宏　介

発行所　株式会社　ミネルヴァ書房
607-8494 京都市山科区日ノ岡堤谷町1
電話 代表 (075)581-5191番
振替口座 01020-0-8076

© 赤畑淳, 2014　　　　　　共同印刷工業・新生製本

ISBN978-4-623-06711-4
Printed in Japan

―――― MINERVA 社会福祉叢書 ――――

地域を基盤としたソーシャルワークの展開
川島ゆり子著　A5判　208頁　本体4000円

精神障害者のための効果的就労支援モデルと制度
山村りつ著　A5判　380頁　本体6500円

日欧米の包括ケア
新井光吉著　A5判　280頁　本体4500円

介護者の健康と医療機関
三富紀敬著　A5判　412頁　本体6500円

―― ミネルヴァ書房 ――
http://www.minervashobo.co.jp/